내려놓는 삶, 받아들이는 삶

박귀수 지음

하이비전

내려놓는 삶, 받아들이는 삶

초판 1쇄 인쇄 : 2024년 1월 15일
초판 1쇄 발행 : 2024년 1월 22일

지은이 : 박귀수
교정 / 편집 : 송은진 / 김현미
표지 디지인 : 김보영
펴낸이 : 서지만
펴낸곳 : 하이비전

주소 : 서울시 동대문구 하정로 47(신설동) 정아빌딩 203호
전화 : 02)929-9313

신고번호 : 제 305-2013-000028호
신고일 : 2013년 9월 4일
주소 : 서울시 동대문구 하정로 47(정아빌딩 203호)
전화 : 02)929-9313
홈페이지 : hvs21.com
E-mail : hivi9313@naver.com

ISBN 979-11-89169-78-7

* 값 : 18,000원

매여있던 시간들, 매달리던 시간들

저는 학창시절에 공부에 딱히 흥미가 없었습니다. 그렇다고 신나게 놀지도 못한 얼치기(?)였던 듯 싶습니다. 또 딱히 그럴만한 이유가 있는 것도 아닌데, 성격도 맑거나 밝은 아이가 아니었습니다. 유년기를 떠올리면 항상 긴장하고 불안했던 시간이었다는 생각이 듭니다. 학교생활에서도 크게 재미를 느끼지 못하고 자신감이 없으니 방학을 무척이나 기다렸던 기억이 납니다. 도시에서 학교에 다니는 누나와 형이 방학이 되어 집에 온다고 하면 몇 날 전부터 손꼽아 기다리곤 했습니다.

전남 지역에서 오랜 기간 면장을 하신 아버님과 농사일에 바쁘셨던 어머님 덕분에 배를 곯거나 가난한 축에 들어가지는 않았지만, 우리 집이 풍족하다는 느낌이 없었습니다. 어린 마음에 잘 사는 친척 집을 보면서 나도 모르게 비교했던 것도 같습니다. 나 자신이 초라한 존재인 것만 같아서 괜히 주눅이 들어 외롭고, 늘 무언가를 그리워했습니다. 지금 와서 생각하면 유전적으로 우울감을 잘 느끼는 성향이 아니었나 싶습니다. 겉으로 드러나지 않는 부모님의 감정 상태가 제게 은근히 전해졌을 수도 있죠.

뒤늦게 공부를 시작했지만, 대단히 뜻한 바가 있어서라기보다는 그래도 남 부끄럽지 않게 번듯하게 살아야겠다는 마음이 더 컸습니다. 고3이 되어 마음이 급해지자 기초가 탄탄해야 하는 영어나 수학은 포기하고, 암기과목만 달달 외워서 운 좋게도 국립사범대에 들어갈 수 있었습니다. 주변에서 칭찬이 쏟아졌고 나 역시 우쭐한 마음도 없지 않았지만, 실력보다는 운이 좋아서 대학에 들어갔다는 생각이 사라지지 않았습니다. 조금이라도 만회해보고자 대학 시절에 다시 영어 공부를 시도했지만, 여의치 않더군요. (젊은 시절의 영어에 대한 아쉬움은 딸이 영어교사가 되면서 어느 정도 해소되었습니다.)

타고난 기질

청년 시절에도 나는 부족하고 초라한 사람이라는 생각이 여전했습니다. 당당하고 배포가 없는 성격도 그렇고, 매사에 자신감이 없이 늘 소심해서 끊임없이 남을 의식했죠. 이런 나 자신이 싫은데 어떻게 바꾸어야 할지를 모르니 더 힘들었습니다. 혹여 이런 마음이 들킬까 봐 늘 조심하면서 자괴감만 더 들곤 했죠. 이기적인 모습이 겉으로 드러날까 봐 부러 이타적으로 행동했고, 당당하지 못하고 배포가 없다는 소리를 들을까 봐 늘 남들을 의식했습니다. 정의로운 척, 겸손한 척하면서도 막상 현실에서는 무엇이 두려운지 선뜻 실행하지 못하고 물러났습니다. 그래도 선하게 살면 주변에서 인정받고 다 잘 되리라 믿었기에 그렇게 살려고 했습니다. 하지만 나의 소심함 탓에 남들의 관심을 받지 못했고, 나는 잘하고 있는데 알아보지 못하는 남들이 문제라는 자기중심적인 생각도 했습니다.

직장 생활을 할 때도 타고난 기질은 여전히 골칫거리였습니다. 가장 괴로웠던 일은 발표를 해야 할 때였습니다. 초등학생일 때부터 그렇게 싫었던 발표가 직장에 들어간 후까지 싫은 일이 되니 나 자신도 참으로 답답한 일이었습니다. 많은 사람 앞에서 말을 해야 한다는 그 긴장감이 너무 싫었죠. 연수나 워크숍을 갔을 때, 강사가 나를 지목해서 질문하기라도 하면 여유롭게 대답하고 싶은 마음과 달리 입이 잘 떨어지지 않았습니다. 내용이 부실해서가 아니라, 긴장감 때문에 원하는 만큼을 해내지 못하니 이런 제가 참 못난 것 같아 괴로웠습니다.

가장 큰 문제는 줄곧 억눌린 감정이 어느 순간 분출될 때였습니다. 어려서부터 감정을 잘 풀어내는 방법을 보고 배운 적도 훈련한 적도 없어 익숙하지 않다 보니, 가끔 한 번씩 분출할 때 적당한 정도를 찾지 못했습니다. 딴에는 주변의 불의나 부당함을 참고 참다가 나선 것인데 그 방식이 세련되지 못한 바람에 요즘 말로 '급발진한 사람'이 되곤 했습니다. 한번은 학교장의 전횡에 다른 교사들과 함께 행동하기로 했는데 나중에 보니 다들 빠져나가고 나 혼자만 남은 일도 있었죠. 그러면 또 나는 분명히 옳은 행동을 했는데 왜 다른 사람들은 저렇게 변절자 같이 구는지 원망스럽기만 했습니다. 하지만 이런 일이 몇 번 반복되다 보니 이 역시 제 문제임을 알겠더군요. 결국 내 안에 부정적인 것이 있어 내 감정을 제대로 처리하지 못한 탓이었습니다.

가정을 꾸린 후에도 겉으로는 교사 부부로서 아무런 문제가 없어

보였지만, 제 내면의 불안정함은 여전했습니다. 밤에 소설을 쓴다는 말처럼 자려고 누우면, 그때 그러지 말걸……, 그 말을 했어야 했는데……, 이런 생각들이 연이어 떠올랐습니다. 저와 달리 아내는 밝고 적극적인 사람이었습니다. 그 모습에 반해 결혼했죠. 때로는 매사에 이성적이고 철저하며 완벽함을 추구하는 아내가 저의 타고난 기질을 이해조차 하지 못하는 것 같아서 서운하기도 했습니다. 이 역시 저의 분별심이었음을 알지 못하고 말이죠.

마음공부를 만나다

내면 깊은 곳에서 간헐적으로 올라오는 미움, 힘겨움, 불안, 게으름, 초라함, 슬픔 등을 버리려고 하면 할수록 오히려 그 속에 빠져들었습니다. 그러면서 외부에는 이런 마음을 숨기며 살아가려니 날이 갈수록 더 힘들어질 뿐이었습니다. 일과 생활의 곳곳에서 압박감을 느끼고 스트레스가 계속되면서 뭔가 돌파구를 찾아야 한다는 생각이 들었습니다. 저처럼 마음속에 이는 번뇌와 갈등으로 고민하는 이들을 위한 책이나 강연도 찾아보았습니다. 하지만 머리로는 어느 정도 이해해도 가슴으로 와닿지는 않더군요. 지금 생각해보면 외부에서 좋은 것을 추구하고 선택하는 마음을 버리지 못하고 그대로면서, 다른 한편으로는 마음의 고요와 평화를 찾으려고만 했던 것이 문제였습니다. 그 바람에 괜히 종교나 믿음 등 정신적인 가르침에 부정적인 마음이 들기까지 했습니다.

이것이 타고난 내 모습이니 그냥 이런 채로 살아야 하나 싶을 때, 우연히 교원 마음공부 직무연수를 1박 2일로 다녀오게 되었습니다. 성찰과 인성역량 강화를 주제로 진행된 연수였는데 상당히 흥미롭더군요. 문득 호기심이 발동해 마음공부와 명상을 위한 지역센터를 방문했고, 이곳에서 좀 더 체계적이고 과학적인 마음공부법을 접하게 되었습니다.

지푸라기라도 잡을 생각으로 시작한 마음공부는 제 삶의 전환점이 되었습니다. 명상센터 방문 전, 대기하는 중에 저는 환희심을 느꼈습니다. 마음이 서서히 크게 열리고 온 자연과 우주, 그리고 내가 하나가 되는 황홀한 기분을 맛본 후, 마음공부가 바로 제가 찾던 열쇠임을 알았죠. 그토록 저를 괴롭히던 것은 다른 것이 아니라, 바로 나 자신이었습니다. 해답을 찾으러 간다고 했지만, 사실 제가 찾은 건 그저 '지금 이대로'일 뿐이었습니다. 있는 그대로의 나, 한 번도 부족하지 않고 초라하지도 않았던 나 자신이었습니다.

지금 이대로 완전하다

코로나 팬데믹, 디지털 대전환, 뉴노멀 시대로의 진입……, 세상은 시시각각 한 번도 경험해보지 못한 새로운 모습으로 변화하고 있습니다. 그 빠른 속도와 불확실성에 치여 마음의 고통과 우울감을 호소하는 사람도 많아졌습니다. 사실 문명이 형성된 이래로 부조리와 불합리로 가득한 사회로 말미암은 인간의 번뇌가 사라진 적은 단 한 번도 없었습니다. 평민에서부터 왕족까지, 누구도 완전하게 괴로움에서 벗어나지는 못했죠. 인류 문명이 발전하면서 위대한 스승과 현자들이 연이어 등장했지만, 여전히 길을 찾지 못하고 헤매는 사람이 많습니다. 저도 그중 하나였고요. 하늘에서 황금이 소나기처럼 내려도 인간의 욕망은 채울 수 없다고 합니다. 서양에서도 돈, 명예, 사랑, 신체의 건강 등 모든 것을 채워도 허기진 마음을 채우지 못해 동양의 경전과 마음공부를 통해 평화를 찾는 사람이 늘어나고 있다고 하죠.

우리는 지금 이 순간에 완전합니다. 각자의 삶은 과거와 미래의 모습을 담고 있으며, 모든 경험과 선택이 우리를 지금의 자리에 이르게 했습니다. 지금의 우리는 과거의 교훈과 현재의 노력이 어우러져 이루어진 결과물입니다. 우리의 강점과 약점을 이해하고 받아들이며 그것들을 토대로 더 나은 방향으로 나아가는 것이 중요합니다. 현재의 우리를 있는 그대로 인지하고 긍정적으로 수용하는 자세가 필요합니다. 지금 이대로 완전하기에 너무 많은 것을 들고 있을 필요는 없습니다.

과거에는 물질적, 감정적인 면에서 항상 더 많은 것을 얻기 원했고, 욕심냈습니다. 마음공부를 만나기 전, 제 머릿속에는 돈, 사랑, 명예가 가득했습니다. 외부에서 얻은 무언가로는 내면의 공허함을 채울 수 없음을 어렴풋이 알았지만, 제 안의 에고가 저를 가만히 두지 않더군요. 마음공부는 곧 에고를 떠나보내는 공부라 생각합니다. 욕망으로부터의 자유가 궁극적인 목표가 되어야 합니다. 어떤 종교나 믿음을 가리지 않고 에고를 버리는 길이라면 접하고 탐구했습니다. 그 결과, 지금

제 마음속에는 홍익(이타심), 자연(귀의처), 명상이 가득합니다. 또 더 많은 분에게 우리가 지금 현존함을, 우리는 지금 이대로 괜찮음을 알려주고 싶은 마음이 있습니다. 현상의 삶을 본질의 삶으로 옮기는 명상을 전파하고자 합니다. 이 책은 바로 이런 마음에서 시작되었습니다.

책 쓰는 마음

저는 이 책을 통해 나 같은 사람도 깨칠 수 있듯이 누구나 우주의 원리나 뇌에 대한 작은 이해만으로도 깨칠 수 있음을 알리고자 합니다. 우리는 이미 이대로 완전하며, 이미 부처이니까요.

예수님의 마지막 말씀은 "다 이루었다"라고 합니다. 저도 이렇게 말하고 싶습니다. 나는 이제 깨달음을 얻었다는 오만한 태도가 아니니 오해가 없기를 바랍니다. 제가 이 말을 좋아하는 이유는 "우리는 지금 이대로 완전하다"라는 말과 일맥상통한다고 생각하기 때문입니다. 앞으로도 마음공부를 통해 번뇌를 극복하고 행복을 찾으리라는 확신 때문입니다.

인생은 천천히 내려놓는 과정이라 할 수 있습니다. '내려놓기'라는 말은 제 삶의 '과속방지턱' 같은 의미입니다. 늘 무언가에 쫓기듯이 살아온 제 불안한 내면의 속도를 줄여주고 다독이는 존재인 거죠. 부처도 고행 수행을 통해서 못 이룬 진리를 놓아버림으로써 진리를 얻었다고 하지 않습니까. 저는 이 책이 지속적인 발전과 행복한 삶을 추구하는 데 있어 귀중한 자산이 되기를, 마음속 번뇌와 갈등으로 힘겨워하는 많은 분이 생각을 전환할 계기가 되기를 간절히 바랍니다.

　독자 여러분이 이 책을 통해,
　자기 이해와 자기 수용의 길을 열어 감정을 조절하고 관계의 즐거움을 느낄 수 있기를 바랍니다.
　스스로 마음을 관리하는 능력으로 스트레스를 줄이고, 내적 안정감을 증진해 문제 해결에 능숙해지기를 바랍니다.
　자기 성장과 목표 설정에 도움을 얻어 더 의미 있는 인생을 살 수 있기를 바랍니다.
　마음공부를 통해 배운 지혜와 통찰력으로 삶의 본질에 대한 깊은 이해를 얻기 바랍니다.
　제가 느꼈던 환희심을 독자 여러분도 느낄 수 있기를 간절히 바랍니다.

　덧붙이는 말.
　의도하지는 않았지만, 혹여 내용 중 오만하게 느껴지는 부분이 있다면 미리 고개 숙여 양해를 구합니다.

2023. 12
박 귀 수

CONTENTS

내려놓는 삶

어떤 문제가 성난 물소처럼 강할 때는 잡은 줄을
놓아버리십시오.
상황은 변하고, 불은 다 타버리며, 큰물은 빠집니다.
물소가 사납게 뛰기를 멈추었을 때,
우리는 인생의 위기들을 풀기 위해 효과적인 어떤
일을 할 수 있습니다.

수행은 '놓아버림'에 대한 훈련입니다.
짐이 얼마나 무겁든 원하면 언제나 내려놓을 수
있는 능력을 기르는 훈련입니다.
놓아버리는 법을 알면 인생이 무겁지 않습니다.

— 아잔 브라흐마(Ajan Brahma)

제1장

내려놓기: 행복한 삶을 위한 최고의 지혜

살면서 우리는 더 많은 것을 원하고, 더 많은 것을 얻고자 끊임없이 노력합니다. 그러나 때로는 행복을 찾기보다 우선 무엇을 '내려놓아야' 하는지 깨닫는 것이 더 중요할 때가 있습니다. '내려놓기'란 감정이나 욕망, 관계 등 어떤 대상에 연연한 집착을 놓고 가볍게 삶을 즐길 준비를 하는 행위입니다. 더 나은 관계, 내면의 평화, 그리고 창조적인 삶을 찾는 여정에서 내려놓기는 우리가 걸어가는 길에 밝을 빛을 비춰줍니다.

이 장은 내려놓기의 의미와 방법, 그리고 행복하고 만족스러운 삶을 위한 최고의 지혜를 탐구합니다. 독자들이 내려놓기를 통해 더 나은 자신, 더 나은 세계를 찾는 여정의 시작입니다.

가볍게, 더 홀가분하게

흔히 인생을 멀고 긴 여정에 비유하곤 합니다. 이 여정에서 우리는 다양한 사람을 만나고, 많은 길 위에 섭니다. 어떤 곳은 바쁘게 지나가지만, 또 어떤 곳에서는 오래 머물죠. 내가 걷는 길 위에서 누구를 만나고 어떤 일을 겪을지는 알 수 없습니다. 누군가는 내 옆을 스쳐 지나갈 테고, 누군가와는 잠시 서서 이야기를 나눌 것이며, 또 누군가는 같은 방향으로 함께 걸을 수도 있습니다. 나를 한없이 기쁘게 하는 일도 있을 테고, 나를 좌절케 하는 일도 겪을 것입니다.

안타깝게도 이 여정은 보이지 않을 만큼 길고, 굽이치며, 기복도 심합니다. 처음부터 끝까지 험한 산길만 걷는 사람도 없고, 평탄한 꽃길만 걷는 사람도 없죠. 알다시피 살다 보면 기분 좋은 하루도 있고 근심 가득한 하루도 있습니다. 그래도 괜찮습니다. 걷다가 모퉁이를 만나면 제 때에 안전하게 돌고, 높은 산을 만나면 호흡을 조절하면서 안전하게 넘으면 됩니다. 지금 걷는 길이 좋다고 우쭐해질 필요도, 좋지 않다고 실의에 빠질 필요도 없습니다.

우리가 겪는 인생의 풍랑에는 저마다 의미가 있기 때문입니다. 가는 길에 무언가를 얻었다고 그것이 영원할 리 없으며, 무언가를 놓쳤다고 그것이 마음에 머무르지 않는 것은 아닙니다. 생로병사, 희로애락,

성공과 실패……, 모든 경험은 우리에게 깨달음을 주는 계기가 될 수 있습니다. 오직 멈추지 않고 계속 걸으면 세월이 지난날의 쓸쓸함을 훗날의 이야깃거리로 만들어 줄 것입니다. 그러니 혹여 도중에 넘어지더라도 두려워할 필요는 없습니다. 다시 일어나 먼지를 툭툭 털고, 미래를 향한 기대감을 가득 품고 계속 걸어가면 됩니다.

이처럼 우리 모두의 인생은 지나가는 길일 뿐입니다. 길고 다채로운 여정을 떠나는데 짐이 많으면 얼마나 힘들겠습니까? 무거운 짐을 내려놓지 못하면 아무리 걸어도 도무지 전진하지 못하고 제자리에서 맴맴 돌기만 합니다. 그러니 길을 갈 때는 반드시 몸이 가볍고 발걸음이 가뿐해야 합니다. 등에 지고 손에 든 짐을 최소로 줄여야 더 수월하고 거침없이 앞으로 나아갈 수 있죠.

인생은 지나가는 길일 뿐이고, 내려놓지 못할 것은 없습니다. 머리를 가득 채운 생각들, 부정적 감정, 탐욕, 부귀와 명예, 인간관계, 완벽을 향한 집착, 외부의 시선……, 이런 것들은 인생이라는 길을 걷는 나를 힘들게 할 뿐이죠. 마음에 든 것이 많을수록, 짊어진 것이 무거울수록 삶은 더 힘들기만 합니다. 내려놓을수록 삶은 더 편안해집니다. 특히 부귀와 명예는 평생 이어오지 않으며 죽어서 가져갈 수도 없으니 그 집착을 내려놓지 않을 이유가 없습니다.

지금 자신에게만 향한 시선을 좀 더 멀고 높은 곳으로 옮겨보세요.

무한한 시공간 속에서 내가 얼마나 작은 존재인지를 깨닫습니다. 삶을 단순화하고, 문제를 가볍게 보고, 이미 가진 것을 소중히 여길 줄 알아야 합니다. 얻지 못한 것, 잃어버린 것에 미련을 두고 얽매여서는 안 됩니다. 그렇다고 전부 포기하고 수도승처럼 살아야 한다는 이야기가 아니니 오해 없기 바랍니다. 근원적 욕망에 충실하고 확고한 목표를 추구하며 현실에 발을 붙이고 최선을 다해 살되, 스스로 자신을 괴롭히는 쓸데없는 집착을 버리라는 뜻입니다. 삶의 끝자락에서 돌아보면 마음속에 남은 기억과 감정만으로도 충분히 행복할 수 있습니다.

'내려놓기'라는 깨달음

'내려놓기'는 유교, 불교, 도교, 기독교가 모두 강조해 온 지고한 경지입니다. 예컨대 불교는 '고해(苦海)는 끝없으나 뉘우치면 용서받는다'라고 했고, 유교는 '모든 것이 중용'이라 했으며, 도교는 '자연에 순응할 것'을 강조했습니다. 기독교 역시 세상 것에 대한 집착을 버려야 예수 그리스도의 제자가 될 수 있다고 말합니다. 모두 인생에서 사소한 집착을 버리고 무의미한 괴로움을 내려놓음으로써 내면으로부터 일종의 통달과 태연함을 느낄 수 있다는 이야기로 귀결됩니다. 처음 마음공부를 시작했을 때, 저는 이 '내려놓기'라는 개념에 완전히 매료되었습니다. 정말 그토록 큰 깨달음을 얻는다면 인생에 완전히 새로운 무대가 열리지 않겠습니까!

장담컨대 세상에서 가장 고통스러운 사람은 자신의 두 손만 보고 사는 사람입니다. 내 손 안에 무엇이 있고, 무엇이 없는지를 따지는 데만 정신이 팔려있으니 마음이 조급하고, 괜히 노여움이 생기며, 삶의 질까지 크게 떨어집니다. 이런 사람들은 얻지 못하면 얻지 못해서 괴롭고, 얻으면 더 많이 얻고 싶어 괴롭습니다. 그 마음을 계속 들고 있자니 너무 무거워 고달픈데 자신이 고달픈 이유도 알아차리지 못합니다. 설령 알아차려도 감히 내려놓을 용기가 나지 않죠.

물론 쉬운 일은 아닙니다. 저는 줄곧 무언가를 붙잡으려 애써온 마음을 다스리고자 마음공부를 시작했고, 지금도 매일같이 명상하며 아직 미치지 못한 곳으로 가기 위해 노력을 다합니다. 아마 앞으로도 세상을 떠나는 날까지 마음공부와 명상을 멈추지 않을 것입니다. 옛 선인들 역시 도를 깨닫기란 하루의 공이 아님을 강조했습니다. 세월의 긴 강물 속에서 평생에 걸쳐 끊임없이 수행하고 정진하면서 자연스레 일어나는 현상인 거죠. 분명히 어려운 일이지만, 반드시 내려놓아야 복잡한 세상에서도 꿋꿋이 깨어날 수 있습니다.

우리가 집착을 놓고 내려놓기라는 깨달음을 얻으면 번뇌와 고통도 자연스레 사라집니다. 불교에서는 '모든 중생이 불성을 지닌 미완의 여래'이지만, 마음에 집착이 있다면 이를 증명하기 어렵다고 합니다. 모든 것을 내려놓고 집착을 버려야만 누구나 부처가 될 수 있다는 뜻입니다.

내려놓기란 꽉 쥔 손을 활짝 펴고, 내 안으로 향한 마음을 세상으로 향하게 하는 것입니다. 이렇게 하면 스스로 자신에게 방해받지 않을 수 있습니다. 세상사는 우리 생각보다 훨씬 더 변덕스럽고 덧없습니다. 이런 세상에 살면서 지극히 사소하고 주관적인 시비, 선악, 호오, 미추 등에 얽매인 잡념을 내려놓지 않으면 어떻게 될까요? 마구 흔들리는 감정의 파동에 이리저리 휘둘리는 나날이 계속 이어질 것입니다. 자기 삶을 더 아름답게 만들고 싶으면 전부 내려놓고 더 가치 있는 것에 집중해야 합니다.

인생에서 가장 큰 깨달음은 내려놓는 것입니다. 내려놓기의 미덕을 깨친 사람은 눈앞의 작은 이익에 집착하지 않으며, 기꺼이 선을 행하고 이상의 경지를 추구합니다. 속세의 희로애락 외에 더 유의미한 추구가 있고, 속세의 욕구 외에 더 후한 수양이 있음을 알기 때문입니다. 에고를 버리고, 욕심을 버리고, 집착을 버리고, 이별을 버리고……, 이렇게 모든 것을 내려놓아야만 비로소 삶의 본질과 순수의식을 깨달을 수 있습니다.

지금 '내려놓기'를 배워야 하는 이유

우리는 왜 내려놓기를 배워야 할까요? 저는 다음과 같은 이유가 있다고 생각합니다.

첫 번째 이유는 사람이란 원래 아무것도 없기 때문입니다. 따라서 내려놓는다는 것은 자신을 처음의 상태로 되돌린다는 의미입니다. 아무런 번뇌가 없던 삶의 처음 상태로 돌아가는 거죠. 우리는 모두 아무것도 없는 상태로 이 세상에 왔으므로 애초에 잃을 것이 없습니다. 아쉬울 것도, 서운할 것도 없죠.

두 번째 이유는 내 삶이 언제 끝날지 알 수 없기 때문입니다. 먼 어느 날일 수도 있고, 몇 년이나 몇 개월 후일 수도 있습니다. 아니, 어쩌면 오늘이나 내일일 수도 있겠죠. 미리 내려놓지 않아서 가져갈 수 없는 것만 잔뜩 끌어안은 채로 떠날 날을 맞이한다면 어떻겠습니까? 그 영혼이 편히 쉴 수 있을 리 만무합니다. 욕망과 집착에 매몰되어 살아온 사람은 최후의 순간까지 추한 모습입니다. 사냥개에게 잡혔으면서도 입에 문 토끼를 절대 놓아주지 않는 여우처럼 말입니다.

세 번째 이유는 아무것도 가져갈 수 없기 때문입니다. '공수래공수거(空手來空手去)'라는 말로 쉽게 이해할 수 있습니다. 우리가 살면서 내려놓든 내려놓지 않든 완전히 내 것이 되는 것은 없습니다. 지금 들고 있는 것은 잠시 보관하는 것일 뿐, 언젠가는 내놓게 되어있습니다. 굳이 아등바등 전부 짊어지고 다닐 필요가 없습니다. 우리가 할 수 있는 일은 그저 집착하지 않고 놔두는 것뿐입니다.

최근의 뉴스를 보면 놀라고 걱정스러운 마음이 듭니다. 연이은 무차별 칼부림 사건, 공공장소 흉기 난동 예고들, 교권 추락이 일으킨 안타까운 희생들, 사회적 약자에 대한 혐오와 비인간적인 착취, 잔인한 동물 학대……, 상상도 할 수 없는 끔찍한 일들이 하루가 멀다고 벌어집니다. 지금 우리 사회는 극단적 개인주의와 성과주의, 무차별적인 대립과 증오, 약자에 대한 혐오, 책임 없는 권리, 윤리와 양심 없는 쾌락, 몰인간적 과학기술, 노동 없는 부, 희생 없는 믿음 등으로 병들어 있습니다. 내려놓지 못한 집착과 비뚤어진 욕망들이 쌓이면서 사회 전체에 마치 그것이 정당하고 공정하다는 분위기를 형성한 것입니다. 지금 우리 사회에 벌어지는 믿을 수 없는 일들도 모두 이런 분위기에 매몰된 인격들이 발현된 결과겠지요.

삶에 지치지 않고, 인생의 방향을 잃지 마세요. 그러려면 내려놓는 법을 배워야 합니다. 우리가 영화 속 히어로처럼 세상을 구할 수는 없겠지만, 자신을 구할 수는 있습니다. 사실 개개인이 내려놓음으로써 자신을 구하면 세상을 구하는 것과 마찬가지입니다. 지금의 상황을 바꿀 수 있는 사람은 우리 자신뿐입니다.

내려놓기가 습관과 태도로 자리 잡으려면 시간이 좀 걸립니다. 늘 자신을 향해 내려놓으라고 암시해도 얼마 못 가서 곧 다시 예전으로 돌아가곤 합니다. 또 저마다 놓인 생활환경이 다르고 심리적 수용력도 달라서 습득하는 데 개인차가 있기 마련이죠. 행복한 삶을 위한 최고의 지혜라는데 배우기가 그리 쉬울 리 있겠습니까? 시간을 두고 조급해하지 않으면서 꾸준히 배우고 익히겠다는 마음을 먹은 것만으로도 이미 절반은 온 것입니다. 다만 잊지 말아야 하는 것은 내려놓기야말로 우리가 절대 잊어서는 안 되는 지혜이고 마음가짐이며, 무엇보다 커다란 깨달음이라는 점입니다.

왜 내려놓지 못하는가?

주위를 살펴보면 온전히 내 것도 아닌, 결국에는 놓고 가야 할 무거운 짐을 굳이 지고서 고생스럽게 인생길을 걷는 사람들이 있습니다. 너무 지친 나머지, 한두 개 정도는 내려놓고 싶다가도 지금까지 투자한 시간과 에너지가 아까워서 차마 그럴 수가 없는 거죠. 내려놓자니 아쉬운 마음이 먼저 들고, 대체 뭐부터 내려놓아야 할지 정하기도 어려우니 진퇴양난입니다.

왜 내려놓지 못할까요? 내려놓기를 고민하는 까닭이 무엇일까요? 세상의 모든 것을 너무 중요하게 생각하기 때문입니다. 일, 지위, 명예, 부, 가정, 인연, 소유……, 이런 것들이 전부 무척 중요하기에 하나도 놓치고 싶지가 않은 거죠. 저도 그랬습니다. 더 알아주는 곳으로 가고 싶고, 더 번듯한 집에 살고 싶고, 이름을 더 높이 올리고, 내게 속한 것이 더 넉넉했으면 싶더군요. 물론 그러기 위해 성실하게 최선을 다해 열심히 살았습니다. 다만 그러면서 놓치고 지나쳐버린 아름다운 순간들이 아쉬울 뿐이죠. 돌이켜보니 시간은 너무 빠르고, 끝내 완전히 내 것일 수 없는 것들을 추구하느라 너무 많은 시간을 허비했습니다. 마음공부를 시작한 후, 종종 이런 생각이 듭니다. '만약 내가 그때 그것을 내려놓을 수 있었다면, 얼마나 좋았을까!'

불교에서는 내려놓지 못하는 까닭을 삶이 얼마나 허황한 것인가를 '간파'하지 못한 탓이라고 합니다. 삶을 제대로 꿰뚫어 본 사람만이 내려놓을 수 있고, 내려놓아야 고달픔에서 벗어나 해탈의 길로 들어선다고 말이죠. 쉽게 말해서 삶의 모든 것이 저마다 중요해서 도저히 포기할 수 없다고 생각하기 때문이라는 말입니다. 저는 불교에서 이야기하는 이 '간파'라는 말을 무척 좋아합니다. 어떤 대상을 간파하려면 전체를 보아야 합니다. 흔히 하는 말로 나무가 아니라 숲을 보라고 하지 않습니까? 숲을 이루는 수많은 나무 중에 어떤 것은 키가 작기도 하고, 어떤 것은 생채기가 났거나 가지가 꺾였을 수도 있습니다. 모든 나무가 완벽하게 멋지지 않다고 해서 숲 전체가 볼썽사나운 것은 아닙니다.

삶을 돋보기로 바라봐서는 안 됩니다. 돋보기를 들이대면 아주 미세한 부분도 뭔가 부족하고 아쉬운 면이 눈에 띄게 마련이죠. 남들이 볼 때는 아주 멋지고 훌륭한 삶이지만, 정작 자신은 아직 모자라고 대단치 않아 보입니다. 이래서는 객관성을 잃게 되고, 주관적인 마음에 사로잡혀 도저히 내려놓을 수가 없습니다.

간파하지 못한 것 외에 내려놓고 싶어도 뭐부터 어떻게 시작할지 몰라 못 내려놓는 사람도 많다고 생각합니다. 당연합니다. 어제까지 남들처럼 살다가 오늘부터 득도한 사람처럼 다 버리고 살 수는 없는 노릇이죠. 그래서 저는 내려놓기 전에 먼저 마음을 푸는 법을 익히기를 권합니다. 지극히 주관적이고 부정적인 감정이 마음 깊숙이 묻히지 않도록 마음을 풀어내는 것입니다. 좀 더 객관적인 눈으로 세상과 자기 삶을 바라봅니다. 혹여 꽁꽁 싸맨 채 웅크리고 있지는 않은지, 무엇이 겁이 나 내려놓지 못하는가 살펴봅니다. 비었거나 흠이 있는 부분을 찾으려고 눈을 부릅뜨고 있었다면 천천히 힘을 빼보세요. 혹여 손가락 사이로 빠져나갈까 봐 손톱자국이 생길 정도로 손을 꽉 쥐고 있었다면 손가락을 천천히 하나씩 펴보세요. 좀 더 순하고 부드러운 눈길로, 좀 더 사랑이 담긴 따스한 손길로 세상을 대하세요.

내려놓았을 때, 비로소 시작되는 행복

행복이란 무엇일까요?

이 단순한 질문은 시간이 흐를수록 점점 더 어렵고 대답하기 까다로운 질문이 되고 있습니다. 이상한 일이지 않습니까? 분명히 생활 수준이 향상되고 여러모로 과거보다 풍족해졌지만, 어찌 된 일인지 사람들이 느끼는 행복감은 희미해졌습니다. 스트레스 지수는 높아지고, 행복지수는 낮아졌죠. 행복을 찾기는커녕 행복이 무엇인지도 알 수 없는 지경이 되었습니다. 도대체 행복이란 무엇일까요? 행복은 어디에 있을까요?

인도의 시인 타고르는 행복에 관해 다음과 같이 이야기했습니다.
"새의 날개를 황금으로 묶으면 멀리 날 수 없습니다. 불안, 명예, 부, 이득과 손실, 좌절과 불의를 버리면 마음이 더욱 맑아지고 행복이 조용히 찾아올 것입니다. 행복은 때로 '얻는 것'에서 오는 것이 아니라, '버리는 것'에서 옵니다. 나무가 열매를 많이 맺기 위해서는 아름다운 꽃을 포기해야 하듯이, 밝은 햇빛을 즐기기 위해서는 비의 습기를 포기해야 합니다."

그렇습니다. 행복은 모래와 같아서 꽉 잡을수록 더 빠르게 손가락 사이로 빠져나갑니다. 그러므로 무언가를 내려놓을 수 있는 만큼, 행복해지는 법을 배워야 합니다.

내려놓기는 곧 마음가짐, 지혜로운 사람의 마음입니다. 내면의 때를 벗겨내고, 온전히 내게 속한 것을 소중히 여기고, 집착을 버리고, 자신을 둘러싼 사람과 일을 다르게 보는 법을 배우고, 타인의 잘못을 용서하고, 정서적인 긍정적 에너지를 축적하고, 좌절과 역경에 얽매이지 않고, 자만하지 않는 것입니다. 이런 마음가짐이어야만 행복이 나타났을 때, 행복을 받아들일 수 있습니다. 찾기 어렵다고 하지만, 행복은 분명히 인생 여정 중 어떤 지점에서 우리를 기다리고 있습니다. 따라서 행복하려면 이성과 지혜, 통찰력을 갖추고 발휘해서 좀 더 멀리 내다볼 줄 알아야 합니다. 모든 것이 타이밍이라고 하죠. 내려놓기도 마찬가지입니다. 제 때에 내려놓을 줄 아는 사람이 더 많은 행복을 얻을 수 있습니다.

내려놓기와 행복에 관해 제가 좋아하는 이야기를 하나 소개합니다.
어느 날, 한 귀족이 석가모니를 찾아와 양손에 하나씩 들고 온 꽃병을 선물로 건넸습니다. 그러자 석가모니는 귀족에게 "내려놓으세요"라고 말했습니다. 이에 귀족은 왼손에 든 꽃병을 내려놓았습니다. 석가모니는 한 번 더 귀족에게 "내려놓으세요"라고 말했고, 귀족은 오른손에 든 꽃병을 내려놓았습니다. 그런데도 석가모니는 또 "내려놓으세요"라고 말했습니다. 어리둥절해진 귀족은 "나는 이미 손이 비었는데 무엇을 내려놓으라는 말씀입니까?"라고 물었습니다. 그러자 석가모니는 이렇게 말했습니다. "당신은 꽃병을 내려놓았지만, 마음속으로는 집착을 완전히 내려놓지 않았습니다. 자기 인식과 생각에 대한 집착, 외적인 향락에 대한 집착을 놓아버릴 때만이 생로병사가 윤회하는 고통에서 벗어날 수 있습니다."

삶에도 미니멀리즘을!

'미니멀리즘(minimalism)'은 단순함에서 우러나는 아름다움을 추구하는 문화적, 예술적 사조를 일컫는 말입니다. 우리 말로는 '최소주의'로 번역합니다. 요즘에는 또 '미니멀 라이프'라고 해서 절제함으로써 일상생활에 꼭 필요한 물건만으로 만족과 행복을 추구하며 살아가는 방식을 추구하는 사람도 많아졌죠. 단순히 생활 방식을 떠나 삶에 대한 태도나 마음가짐에도 미니멀리즘이 필요하다고 생각합니다. 특히 지금처럼 복잡하고 빠르게 변화하는 세상에서는 오히려 자신을 더 간단하고 단순하게 만들어서 마음을 차분하게 다스릴 필요가 있습니다.

제가 생각하는 미니멀 라이프란 반찬 하나, 옷 하나로 살면서 돈을 아끼는 것이 아닙니다. 무효한 일을 포기하고 자신의 시간과 에너지를 최대한 활용해서 유용한 일을 함으로써 더 큰 기쁨과 행복을 얻는 것을 의미합니다. 삶의 속도를 늦추되 주어진 모든 일에 최선을 다해 살아봅시다. 다음은 그 구체적인 내용입니다.

◇ 욕망 최소화

자신의 진정한 욕망을 이해하고, 외부의 흐름에 영향을 받지 않으며 맹종하지 않습니다. 건강을 유지하고, 가족과 친구를 돌보는 등 자신의 모든 에너지를 정확하고 진실한 욕구에 효과적으로 집중하세요.

◇ 활동 최소화

그림 그리기, 악기, 서예, 낚시, 춤, 운동, 걷기, 등산 등 자신이 진정으로 하고픈 두세 개 활동을 선택하고 집중합니다. 맹목적으로 시간과 에너지를 낭비하지 않으며 충분히 배워 기술을 향상합니다.

◇ 물질 최소화

자신의 욕구를 명확히 하고 불필요한 물건을 사지 않습니다. 내가 진짜 원하는 것은 알지 못하거나 미루어두고, 유행이나 트렌드에 휩쓸려서는 안 됩니다. 꼭 필요한 물품을 용도에 따라 적당량 구입해서 충분히 사용하는 습관을 들이는 것이 좋다고 생각합니다.

◇ 정보 최소화

정보를 얻는 채널을 간소화하고 SNS나 인스턴트 메신저의 사용을 줄입니다. 인터넷과 스마트폰 사용을 줄이고 마구잡이식 정보 습득을 피합니다. 자신과 무관한 오락이나 뉴스는 크게 신경 쓰지 않는 것이 좋습니다. 단, 미래 교육의 측면에서 AI-챗GPT는 관심을 갖길 바랍니다. 중요한 것은 도구로서의 활용도는 높이되, 나 자신이 그것에 매몰되지 않아야 한다는 점입니다.

◇ 표현 최소화

가능한 한 간단하고 직접적이며, 명확하고 직관적으로 말하고 글을 씁니다. 간혹 자신도 모르게 아무 목적이나 의도도 없이 수다를 떨거나 잔소리를 늘어놓을 때가 있습니다. 의도적으로 표현을 줄이고 무용한 말을 하지 않고, 관여하지 말아야 할 일은 관여하지 않도록 합니다.

◈ 사교 최소화

무효한 사교는 하지 않는 것이 좋습니다. 요즘은 인맥이 얼마나 넓은지, 얼마나 사교적인지가 곧 그 사람의 좋은 본성을 보여준다고 여기는 경향이 있습니다. 사교를 위한 사교를 피하세요. 오래 가는 인연은 시간을 두고 천천히 스며들며 형성되는 법입니다.

내려놓아야 더 멀리 가고, 더 많이 담습니다

얼마 전, 저는 중국 장가계(张家界)를 여행했습니다. 유네스코 세계자연유산으로 선정될 정도로 비현실적인 풍경이 장관인 장가계는 영화 아바타의 배경으로도 유명한 명승지입니다. 워낙 잘 알려진 곳이므로 그 절경이나 여행 경험은 따로 언급하지 않겠습니다. 혹여 궁금하시다면 제 유튜브 채널 '늘바다'에 직접 촬영하고 편집한 장가계 여행 영상을 올려 두었으니 시청을 권합니다. 여하튼 장가계 여행 중 하루는 쇼핑몰을 둘러보다가 '사득주(舍得酒)'라는 이름의 술을 보았습니다. 한자 '사(舍)'는 흔히 아는 '집, 가옥'이라는 의미 외에 '버리다'라는 의미도 있으니, '사득'이란 '버림으로써 얻는다'로 풀이할 수 있습니다. 그 말이 왠지 기억에 남아 나중에 찾아보니 원래 '사득'은 원래 버림과 취함의 관계를 담은 철학 용어인데, 현대사회에서는 일종의 처세법으로 통한다고 합니다.

버림이 있어야 취함이 있고, 버림이 없으면 취함도 없다.
(有舍有得, 不舍不得)
적게 버리면 적게 취하고, 많이 버리면 많이 취한다.
(少舍少得, 多舍多得)

대만 불교의 3대 고승 중 한 분이자 법고산(法鼓山)의 창시자인 성엄(聖嚴) 스님 역시 '시기적절한 진퇴와 알맞은 정도로 사득하는' 사람만이 진정한 삶의 쾌락을 맛볼 수 있다고 했습니다. 나섬과 물러섬, 버림과 취함을 때와 정도에 따라 잘 해내야 한다는 말씀이겠지요. 보통 사람의 내려놓기란 바로 이런 것이라는 생각이 듭니다. 세상을 살면서 붙잡아야 할 것은 붙잡고, 내려놓아야 할 것은 내려놓는 것 말입니다. 내게 속한 것이라 여겨진다면 붙잡기도 해야겠지요. 어떻게 마냥 버리기만 하겠습니까? 다만 그 과정에서 반드시 감사하는 마음을 가져야 합니다. 그러면 설령 원하는 바를 완벽하게 이루지 못하더라도 반드시 좋은 방향으로 발전할 것입니다.

인생은 강물 위의 배와 같아서 절대 과적하면 안 됩니다. 배에 짐을 너무 많으면 앞으로 나아갈 수가 없죠. 짐을 적절히 내려놓기만 해도 흐르는 강물이 배를 반대편 기슭에 데려가 준다는 사실을 기억하세요. 단지 시간문제일 뿐입니다. 또 이런 비유는 어떻습니까? 인생은 나무와도 비슷합니다. 제때 가지치기를 해줘야 더 곧고, 더 높이 자랄 수 있습니다. 가지를 과감하게 잘라낸 나무만이 꽃이 만발하고 탐스러운 열매를 맺는 법입니다.

내려놓을 줄 아는 사람일수록 더 멀리 가고, 더 많이 담을 수 있습니다. 그래서 내려놓기는 진정으로 지혜로운 사람의 마음가짐이라고 합니다. 내면의 때를 제거하고 소유한 것을 소중히 여기되 집착을 버리세요. 자신과 주변 사람들, 눈앞의 일들을 새로운 관점에서 보면서 정서적으로 긍정적인 에너지를 축적해야 합니다. 역경에 얽매이지 않고, 자만하지 않습니다. 버릴 줄 아는 사람만이 얻을 수 있다는 태도를 유지하는 것이 중요합니다. 요컨대 더 나은 소유를 위해 내려놓는 것이라 할 수 있습니다. 전부 얻으려는 사람은 전부 잃게 마련입니다. 지금 여기에서 버렸어도 다른 때에 다른 곳에서 얻을 수 있음을 반드시 믿어야 합니다.

지금, 더 가볍고 자유롭게 앞으로 나아가세요

지금까지 내려놓기란 무엇이고, 왜 내려놓아야 하는지 등에 대해 전반적으로 이야기했습니다. 단언컨대, 내려놓기는 삶의 높은 경계이자 행복한 삶을 위한 최고의 지혜입니다. 다음의 세 가지 이유에서 그렇습니다.

첫째, 내려놓기는 심리적 자기수양의 정도를 반영합니다. 일반적으로 마음가짐이 건강한지 아닌지는 우리가 삶의 많은 관문을 통과할 수 있는지를 결정하는 중요한 전제 조건이 됩니다. 건강한 마음가짐이야말로 삶을 안정적으로 유지하는 데 최우선으로 필요한 것입니다. 그리고 마음가짐의 건강은 심리적 자기수양을 통해서만이 얻을 수 있죠. 그중 가장 중요한 것이 바로 에고를 내려놓는 것입니다. ('에고'에 관해서는 제2장과 제8장에서 더 자세히 다룹니다.) 바꿀 수 없고 반복될 수 없는 것들을 내려놓아야만 마음이 진정으로 자유로워지고, 사고가 더 깊고 이성적일 수 있습니다.

둘째, 내려놓기는 우리 삶을 더 편하게 만들어줍니다. 삶은 고정된 과정이고, 누구나 감정이나 직업 같은 삶의 각 부분에서 다양한 어려움과 불만족에 직면합니다. 하지만 이런 사소한 일 하나하나에 너무 매달려서 초조해지거나 고민하면 금세 지쳐서 여유로울 수 없습니다. 주어진 시간과 에너지만 낭비할 뿐, 자신의 삶에 어떤 이점이 있다고 할 수 없죠. 최선을 다해 치열하게 살지만, 내 삶인데도 어딘가 불편하고 삐걱거리는 느낌이 듭니다. 지금 이런 기분이 든다면 내려놓기를 권유합니다. 더 자유롭고 홀가분해지기 위해서 불필요하거나 과하게 들고 있는 것들을 내려놓을 줄 알아야 합니다. 에고를 버리고 새로운 기회와 방향을 찾아서 스스로 자신을 해방하는 것입니다.

마지막으로 내려놓기를 통해 삶의 기쁨과 아름다움을 느낄 수 있습니다. 인생에는 우리가 찾고 소중히 여길 만한 것들이 너무 많습니다. 그런데도 만약 불행 혹은 불쾌한 일들이 우리의 시간과 마음을 차지하게 둔다면, 스스로 삶을 즐길 기회를 저버리는 것과 마찬가지죠. 한 사람의 마음에 나쁜 것이 가득 차면 좋은 것을 용납할 수 없고, 한 사람의 마음에 번뇌가 가득 차면 기쁨이 비집고 들어갈 수 없습니다. 어떤 일은 너무 따지지 않고 넘어가기도 해야 하고, 어떤 일은 욕망을 조절해야 합니다. 어떤 다툼은 타협할 줄 알아야 하고, 어떤 고민은 그냥 흘려보내는 법을 배워야 합니다. 그렇지 않으면 삶의 모든 순간을 진정으로 즐겁게 느낄 수 없습니다.

한 가지 강조하자면 내려놓기는 도피하거나 패배를 인정하는 것이 아닙니다. 오히려 확고한 자신감으로 삶을 마주하는 것입니다. 또 더 이상 무언가에 관심을 보이거나 신경 쓰지 않는다는 의미도 아닙니다. 반대로 진정한 자신과 주변 사람 및 사물들을 받아들이고, 사랑과 아름다움으로 삶을 채우는 것입니다. 내려놓음으로써 과거의 아픔과 후회가 현재와 미래에 영향을 미치지 않도록 하는 것입니다.

어쩌면 내려놓기가 다소 어려운 일처럼 보일 수 있겠습니다만, 의외로 순간적인 결정일 수도 있습니다. 실제로 오랫동안 자신을 괴롭혀 온 고통과 번뇌, 후회와 미련이 한순간에 사라지는 경험을 했다는 사례도 적지 않죠. 그날이 올 때까지, 꾸준히 마음을 정화해 차곡차곡 내면의 힘을 키워야 합니다.

이 세상의 모든 것은 우연의 일치이며 영원하지 않습니다. 조개는 편안함을 버려야만 진주를 키우고, 씨앗은 꽃을 떨어뜨려야 열매를 맺습니다. 등에 진 무거운 짐을 내려놓으면 그만큼 더 넓은 하늘을 바라볼 수 있습니다. 그러면 삶은 더 무한히 승화할 것입니다.

자신의 생각을 지배하지 못하는 자는
곧 자신의 행동에 대한 지배력을 잃는다.

머리를 맑게 하고, 집중하고, 생각을 올바로 정리하라.
그러면 판단이 명확해지고, 마음은 자유로워지며,
능력을 강해지고, 삶이 규칙적으로 바뀔 것이다.

— 우드로 윌슨(Woodrow Wilson)

제2장

한 가지 생각을 내려놓으면, 만 가지 자유로움을 얻는다

우리의 마음은 생각으로 가득 차 있습니다. 이 생각들은 때로는 우리를 놀라운 시각을 제공하고 새로운 세상으로 이끌기도 하지만, 때로는 우리를 구속하고 제한할 수 있습니다. 특히 어느 한 가지 감정이나 확신이 우리를 갖고 놀며 현실의 감옥에 가두곤 합니다. 바로 그 한 가지를 내려놓는 용기를 가질 때, 우리는 스스로 자신에게 놀라운 자유를 선물할 수 있습니다.

이 장은 한 가지 생각을 내려놓음으로써 우리의 삶이 어떻게 변화할지에 관한 이야기입니다. 우리의 마음을 가두는 생각을 해체하고, 그것들을 내려놓는 용기를 찾을 것입니다. 이 글을 통해 '한 가지 생각 내려놓기'의 개념을 이해하고, 삶을 더 자유롭게 풍요롭게 만드는 여정을 시작합니다.

생각이 많으면 삶이 고달파집니다

누구나 살면서 겪는 순간이 있습니다. 딱히 안 좋은 사람이나 사건에 부딪힌 적도 없고 순탄하게 살아가는 편인데 이유도 없이 괜히 기분이 가라앉는 순간 말입니다. 이런 상황은 대개 머릿속에 생각이 너무 많기 때문입니다. 설령 내 마음을 산란하는 어떤 분명한 이유가 있다고 해도 그에 관해 너무 많이 생각한 나머지, 불필요한 정신적 압박을 받은 경우가 대부분이죠.

본디 사람은 엉뚱하고 헛된 생각을 하는 경향이 있습니다. 동서양의 고전을 읽어봐도 머릿속에서 만들어낸 망상과 착각, 지레짐작 등이 빚어낸 오해와 비극이 넘쳐나죠. 문제는 생각을 많이 할수록 생각의 미로에서 빠져나오기 어렵다는 사실입니다. 우리의 뇌가 여기저기에서 습득한 정보들을 끊임없이 편집하고, 새로운 의미를 부여하여 재생산하면서 생각의 미로가 점점 더 복잡해지기 때문입니다. 지극히 단순한 사실을 부러 견주고 비교해서 꺼리는 마음이 들기도 하고, 시기나 질투, 불평불만이 생기기도 합니다. 요컨대 대부분 걱정과 고민은 자신에게서 비롯되는 것이니 생각을 너무 많이 하면 행복할 수가 없습니다.

지금 내게 주어진 수많은 문제와 고민거리는 모두 내가 결정하는 것입니다. 예를 들어보죠. 평소대로 출근해서 일을 잘하다가도 문득

하루하루 먹고살려고 고생한다는 생각이 드는 순간, 심신에 거대한 피로감이 몰려옵니다. 부족함 없이 살고 있으면서도 문득 고급 차나 집처럼 아직 살아보지 못한 좋은 삶을 떠올리면 왠지 내 인생에 희망이 없는 것 같습니다. 소박하고 행복한 가정을 꾸렸지만, 그 안에서 일어난 사소한 다툼과 갈등에만 집중하면 응어리진 마음의 매듭이 풀리지 않습니다.

지금 삶이 너무 힘들고 지쳤다면 생각이 너무 많아서일지도 모릅니다. 어떻게든 문제를 해결해보려는 요량으로 생각을 멈추지 않는다면 삶은 점점 더 비참해지기만 할 것입니다. 과도한 생각은 머릿속을 공상과 망상으로 가득 채울 테고, 공상과 망상으로는 어떠한 문제도 해결하지 못합니다. 옛날을 생각하든, 앞날을 생각하든 불필요한 심리적 부담만 잔뜩 가중할 뿐입니다.

행복은 잡다한 생각에서 나오는 것이 아닙니다. 그저 살아가면서 행동하고, 분투하고, 쟁취함으로써 자연스레 생겨나고 얻는 것이죠. 집착에 가까운 공상과 망상을 내려놓고 적당히 자신을 낮춰서 스스로 만들어내는 부담을 줄이는 편이 좋습니다.

석가모니는 "네 마음이 정념(正念, 바른 마음)으로 가득 차면 부처가 네 안에 계시고, 네 마음이 악념(惡念, 나쁜 마음)으로 가득 차면 마귀가 네 안에 있을 것이다"라고 했습니다. 더 나은 삶을 살고 싶다면 지금 있는 곳에 머물면서 너무 많은 실망이나 비현실적인 기대를 하는 대신, 그저 계속해서 열심히 살아가야 합니다. 자신의 시간에 맞춰 열심히 살아가다 보면 무의미한 생각에 빠질 리 없습니다. 너무 많이 생각하지 말고 타인의 삶을 바라볼 틈조차 없을 정도로 오직 나의 삶에 집중하세요. 그러면 모든 고민과 갈등이 자연스레 사라질 것입니다.

나를 갉아먹는 습관, 부정적 마인드셋

마음가짐이나 사고방식을 의미하는 '마인드셋(mindset)'은 자신과 사물에 대한 개인의 견해와 태도로 우리의 사고, 감정, 행동, 결과에 다각도로 영향을 미칩니다. 좀 더 쉽게 설명하자면, '모든 일은 마음먹기에 달렸다'라는 말에서 '마음먹기'가 바로 마인드셋입니다. 마인드셋은 자신과 주변의 모든 것을 어떻게 바라보고 반응할지를 결정합니다.

마인드셋이 중요한 이유는 그것이 우리의 현실을 바꿀 수도 있기 때문입니다. 우리가 보는 현실이라는 것은 사실 객관적으로 존재하는 것이 아니라 우리 머릿속의 마인드셋으로 만들어집니다. 긍정적 마인드셋(positive mindset)을 가지면 더 많은 기회와 가능성을 포착하고 능동적이고 적극적인 행동을 취하여 성과를 올리고 만족감을 얻습니다. 반대로 부정적 마인드셋(negative mindset)을 가지면 어려움과 장애물만 눈에 보이기 때문에 더 커다란 좌절감과 상실감을 초래합니다.

그렇다면 부정적 마인드셋은 어디에서 비롯될까요?

첫 번째는 자기 자신입니다. 성현이 아니라면 세상에 완벽한 사람은 없으며 누구나 잘못을 저지릅니다. 만약 잘못을 저질렀다면 문제를 확인한 즉시, 반성하고, 새로운 방법을 찾아 적절히 조치하면 됩니다. 아무리 후회하고 한탄해봤자 이미 일어난 일이 바뀔 수는 없으니까요.

쓸데없는 걱정, 불평, 후회는 아무런 효과도 일으키지 못합니다. 지금 어떤 생각과 행동을 취하느냐가 다른 미래를 가져다줄 것입니다.

두 번째는 타인입니다. 타인은 자주 접촉하는 사람과 자주 접촉하지 않는 사람으로 나눌 수 있습니다. 전자의 경우, 일정한 기준을 세워 안정적인 관계를 유지하는 동시에 부정적인 영향을 받지 않도록 최대한 피해야 합니다. 후자라면 무슨 방법을 동원해서라도 반드시 멀리해서 부정적인 영향을 원천적으로 차단하는 편이 좋습니다.

세 번째는 환경입니다. 선택권이 있다면 당장 떠나고, 선택권이 없다면 환경을 바꾸거나 환경에 따라 자신이 바뀌어야 합니다. 어떻게 결단하느냐는 결국 자신에게 달려 있습니다.

현실에서 많은 사람이 부정적 마인드셋으로 인해 자신을 학대하고 삶을 망칩니다. 이런 사람들은 항상 가장 중요한 순간에 목표를 놓치곤 합니다. 천만다행으로 부정적 마인드셋은 —분명히 쉽지는 않으나— 예방이 가능합니다. 미국의 작가이자 컨설턴트인 윌리엄 번스타인 (William Bernstein)의 말에서 힌트를 얻을 수 있습니다.

"부정적 마인드셋은 우리가 그것을 믿기 때문이지,
우리가 그것을 원하거나 의도적으로 선택했기 때문에 생기는 것이
아니다."

만약 부정적인 생각이나 감정이 생겼다면 그것을 인정하지도, 무시하

지도 말기를 추천합니다. 저항하거나 애써 밀어내려고 할 필요도 없습니다. 우리가 반응할수록 내 삶을 자양분으로 자라나 끊임없이 나를 갉아먹고 학대할 것이기 때문입니다. 더군다나 한번 내 안에 자리 잡으면 완전히 떨쳐내기가 여간 어렵지 않습니다.

대신 부정적인 생각이나 감정이 떠오를 때는 그것을 똑바로 마주하고, 함께 어울리고, 동행합니다. 인내심을 발휘해 그것을 경험하고 느껴보세요. 그렇게 담담한 태도로 묵묵히 대하면 금세 어딘가로 스며들듯 사라졌을 것입니다. 생각은 진짜가 아니며 그저 우리의 뇌가 각종 정보를 이리저리 짜깁기해서 재생산해 낸 것에 불과합니다. 부정적인 생각이나 감정이 부정적 마인드셋으로 자리 잡아 나를 갉아먹고 학대하지 않도록 해야 합니다.

부정적 감정 내려놓기(1): 원망할 필요 없습니다

주변을 둘러보면 사는 게 뜻대로 되지 않는다고, 사업이 잘 안 된다고 원망을 늘어놓는 사람이 많습니다. 자녀가 속을 썩이고, 원하는 직장에 들어가지 못하고, 결혼 생활이 행복하지 않고……, 저마다 이유는 다양하기도 합니다. 마치 세상에 원망할 대상만 가득한 것처럼 말이죠.

그렇게 실컷 원망한 후에 얻는 것은 늘어난 짜증과 불안, 엉망진창이 된 기분뿐입니다. 물론 어느 정도의 적절한 원망은 감정을 발산하고 기분을 조절하는 방법이 될 수도 있습니다. 하지만 원망도 과해지면 일종의 병적인 중독이 되어 자신과 타인에게 해를 끼칠 수 있습니다. **원망은 일종의 무지이자 경솔함, 자신의 삶과 타인의 존엄성에 대한 무례함, 이기적이고 편협한 마음, 비이성적인 심리의 결과물입니다.** 원망하는 습관이 있는 사람은 비겁하고 나약하며 자신감이 부족합니다. 만족할 줄 모르고, 심리적으로 불안하며, 항상 불만스럽습니다. 강조하건대 원망이 습관으로 굳어지면 내 삶과 세상을 전부 잃습니다.

사실 우리는 삶의 그 어떤 것에 대해서도 원망할 필요가 없습니다. 인생이란 원래 우여곡절의 연속이며, 완전무결한 세상에 사는 사람은 없으니까요. 살다 보면 불완전하며, 불균형하고, 불공평한 일들이 너무도 많습니다. 나만 그런 것이 아니고 누구나 그렇습니다. 좋은 일과 나쁜 일 중 어느 한 가지만 계속되는 그런 인생은 없죠. 누구나 굴곡 가득한 삶을 살고 있고, 누구도 자신의 삶을 경멸하거나 회피할 수 없습니다. 이것은 불변의 사실이며, 고작 원망으로는 아무것도 해결하지 못합니다. 원망해봤자 상황이 더 악화할 뿐입니다.

지혜로운 사람은 원망하지 않습니다. 가장 먼저 할 일은 외부가 아닌 내부에서 원인을 찾아 문제를 바라보는 관점을 바꾸는 것입니다. 만약 뭔가를 원망한다면 그 유일한 대상은 자신이어야 합니다. 난관에 직면할 용기가 없고, 자신감이 부족해 좌절에 무너졌으면서 괜히 남을 비난하고 환경을 탓하지는 않았습니까? 스스로 자신의 삶에 최선을 다했는지 질문해야 합니다. 자기 인생의 어떤 것에 대해 원망하기보다는 자신을 개선하고, 원망을 내려놓으며, 삶의 기쁨을 발견하고, 생활에 깊이를 더하는 편이 좋습니다. 남의 결점을 들추지 말고, 자신의 부족한 부분을 반성할 줄 알아야 합니다. 세상에 완벽한 것은 없으며 모든 것은 점진적으로 개선되는 과정 중에 있음을 이해한다면 원망이 자연스레 사라집니다. 더 많은 통찰력으로 삶을 인식하며, 긍정적이고 낙천적인 태도를 유지해야 합니다. 현재 가진 것에 만족하며 주어진 삶을 즐기면서 담담하고 평온한 자세로 세상을 바라보아야 합니다.

지금 자기 삶에 원망스러운 부분이 있다면, 원망하기보다 삶에 대한 열정을 키울 방법을 찾으세요. 각자의 상황에 맞는 여러 방법이 있겠지만, 저는 '그렇게 행동하기'를 추천합니다. 자신감이 부족하면 더 당당하게 자신감 있는 사람처럼 행동하고, 기세가 부족하다고 생각하면 기백 있는 모습을 보입니다. 삶이 권태롭고 활기가 없다고 느끼면 활력 있게 행동해야 합니다. 당연히 처음에는 어색하고 어렵겠지만, 시간이 지나면 삶에 대한 애착이 불타오를 것입니다. 진지한 태도로 꾸준히 하기만 한다면 말입니다.

부정적 감정 내려놓기(2): 불평불만은 백해무익할 뿐

늘 불평불만이 많은 제자가 있었습니다. 하루는 스승이 이 제자에게 소금 한 봉지를 가져오라고 말했습니다. 제자가 소금을 가져오자 스승은 그에게 물 한 잔에 소금 한 줌을 녹여 마신 후에 맛이 어떤지 알려달라고 했습니다. 잠시 후, 소금물을 마신 제자는 오만상을 찌푸리며 대답했다.

"짜다 못해 쓰디씁니다."
"그렇구나. 이제 남은 소금을 전부 저 호수에 붓고 호숫물을 한 모금 마셔보아라."
......
"이번에는 맛이 어떠냐?"
"물이 깨끗하고 시원해서, 맛도 아주 좋습니다."
"짜거나 쓰지 않으냐?"
"전혀 그렇지 않습니다."
"그렇구나. 이제 알겠느냐? 인생의 고통은 소금과 같아서 너무 많지도, 너무 적지도 않다. 중요한 것은 그 고통을 담는 마음이다."

이 이야기에서 소금은 어디에 넣느냐에 따라 짜다 못해 쓴맛을 내기도 하고, 아무 맛을 내지 못하기도 합니다. 불평불만도 마찬가지입니다. 넓은 마음에 넣으면 한없이 하찮아져서 아무 효과도 발휘하지 못하죠.

마음이 넓은 사람은 문제에 부딪혀도 불평불만을 삼가면서 깊은 사고를 통해 천천히 소화해냅니다. 반대로 마음이 좁은 사람은 늘 조급해하면서 불평불만을 입에 달고 삽니다. 이런 사람들은 자신의 도량이 보잘것없기 때문임을 알아채지 못하고, 왜 내게만 이런 일이 일어나는지 모르겠다고 한탄합니다. 마음의 크기가 물잔 하나에 불과하니 같은 일을 당해도 마음이 넓은 사람보다 더 짜고 쓴 고통을 느낍니다.

부정적 감정은 우리를 가두어 한 발짝도 움직일 수 없게 만듭니다. 그중에서도 **불평불만은 가장 무력한 언어입니다. 문제를 직면하지 않으려는 구실에 불과하죠.** 게임에서도 부지런히 작은 몬스터를 무찔러 계속 능력치를 향상해야 파이널 스테이지에서 최종 보스를 쓰러뜨릴 수 있습니다. 무턱대고 몬스터를 피해 다니면서 해결하지 않으면 몬스터의 수만 늘어나고 능력치도 향상하지 못합니다. 이래서는 결국, 최종 보스 몬스터에게 삼켜질 것이 분명합니다. 세상의 많은 일이 막상 직면하면 해결이 그리 어렵지 않습니다. 어떤 문제를 해결하는 전체 과정에서 가장 어려운 부분은 첫발을 내딛는 일입니다.

열악한 근무 환경, 적은 월급, 늘 말썽을 부리는 자녀들, 사려 깊지 않은 배우자, 무리한 부탁을 하는 가족이나 친구……, 생각해보면 인생에는 불평불만을 일으킬 요소들이 너무 많습니다. 그런데 무슨 일만 있으면 수시로 불평불만을 쏟아내고 상황을 비꼬거나 냉소적으로 반응하는 사람들이 있습니다. 요즘 신조어로는 이런 사람들을 '프로불편러,

프로불만러'라고 부른다더군요. 물론 성자도 아닌데 살면서 약간의 불평불만이 생길 수도 있습니다. 인간은 감정의 동물이고, 환경이 만족스럽지 못하거나 사람들과 어울리다 보면 마음이 불편해지기 마련이니까요.

다만 불평불만을 늘어놔 봤자 해결되는 건 하나도 없음을 명심해야 합니다. 승진이나 연봉 협상에서 만족스럽지 못했다면 상사가 내 능력을 알아보고 인정하도록 계속해서 노력합니다. 업무 능력이 부족하다면 자신을 다듬고 전문성을 업그레이드해야 합니다. 어려운 업무를 맡았다면 우선순위를 고려해 적절한 계획을 세우고, 계획에 맞춰 하나씩 차근차근 수행합니다. 부담스럽거나 불편한 사람이 있다면 왜 그러한 마음이 드는지 잘 생각해보고 상황에 맞는 대처법을 찾아야 합니다. 문제를 해결하고 나서 뒤돌아보면 생각만큼 그리 어렵지 않았으며, 자신이 부정적 감정과 상상 속에 갇혀 있었음을 깨닫게 될 것입니다.

스스로 움츠러들면 작아지고, 힘을 내어 일어서면 커집니다. 단언컨대 불평불만은 백해무익합니다. 문제를 해결하려면 부정적 마음을 깨뜨리는 것이 첫 번째 열쇠임을 명심하세요. 우리 삶은 골칫거리로 가득하지만, 우리는 이 골칫거리들을 해결하는 사람이 되어야 합니다.

부정적 감정 내려놓기(3): 내 영혼을 잠식하는 열등감

열등감이란 뭘까요? 열등감이란 일종의 심리상태로 다른 사람과 비교할 때, 자신을 과소평가하는 지극히 주관적인 감정입니다. 자기부정이나 자기 가치감 저하 등으로 나타나며 매사에 자신감이 부족하고, 대인 관계에서 불안, 우울, 죄책감, 낙담, 낯가림, 긴장, 비겁함 등의 성격적 단점을 보이는 경향이 있습니다.

사실 전 연령대에 걸쳐 거의 모든 사람이 어느 정도의 열등감을 가지고 있습니다. 다만 심각한 열등감이 오랫동안 계속될 경우, 정신적, 신체적 건강에 영향을 미쳐 일과 삶에 큰 어려움을 초래할 수 있으니 경계할 필요가 있습니다. 열등감은 우리의 일과 생활에 모두 부정적인 영향을 미치므로 열등감을 버리고 자아 가치감과 자신감을 높이기 위한 적극적인 조치를 취해야 합니다.

돌이켜보면 저 역시 한때는 열등감에 휩싸여 있던 것 같습니다. 아주 어릴 때부터 뭔가를 적극적으로 나서서 한다는 것이 제게는 참 어려운 일이었습니다. 따지고 보면 성장환경이나 경험 면에서 크게 문제 될 것이 없었는데도 말입니다. 초등학교 저학년 시절에는 반 친구들 앞에서 발표하는 것조차 두려웠습니다. 대학 때도 다른 친구는 버스 정류장에서 새치기하는 양심 없는 사람들을 향해 일침을 가하는데,

저는 옆에서 아무 말도 못 했습니다. 상황이 종료된 후에야 나는 왜 그 친구처럼 옳은 말을 당당하게 하지 못했는지 곱씹으며 자기비하에 빠졌고요. 직장 생활을 하면서도 열등감은 자꾸만 저를 움츠러들게 했습니다. 속으로는 배포가 없고 소심해서 끊임없이 남의 눈을 의식했지만, 그런 모습을 들킬세라 애써 겸손하고 온화하며 이타적인 사람의 모습을 유지했습니다. 하지만 그럴수록 진짜 모습을 감추는 나 자신이 싫어 열등감이 더 심해졌습니다. 열등감의 악순환에 빠졌던 것이죠.

열등감을 내려놓기란 분명히 어려운 일이지만, 반드시 해야 할 일입니다. 심리학자인 알프레드 아들러(Alfred Adler)는 '거의 모든 사람이 열등감을 가지고 있으며, 열등감을 뛰어넘어 탁월함을 추구하는 것이야말로 진정한 삶의 의미'라고 말했습니다. 그의 말처럼 더 나은 삶을 살려면 반드시 열등감을 내려놓아야 합니다. 다음은 제가 열등감을 내려놓고자 시도했을 때, 효과가 있었던 방법입니다.

◇ 나를 똑바로 봅니다

세상에 모든 것을 다 갖춘 사람은 없습니다. 개인이 사회라는 집단에서 들어가면 필연적으로 결점과 결함이 뚜렷해집니다. 이때 자신의 부족함을 지나치게 의식하거나 확대경을 대고 들여다보면 열등감의 소용돌이에 빠져 헤어나올 수 없게 됩니다. 부족한 부분을 인정하되 잠시 옆으로 밀어두고, 대신 자신의 빛나는 부분에 집중해야 합니다. 주변을 둘러보면 자신의 열등감을 인정하지 않거나 마주하기를 꺼리는 사람이 많습니다. 그러나 자신의 열등감을 인정하고 마주할 용기가 있을 때, 비로소 그것을 극복하는 방법을 찾을 수 있습니다. 저는 사람들 앞에 나서서 이야기하는 것이 어려웠던 사람이나, 대신 인간 내면을 들여다보고 마음 치유에 관한 좋은 말씀을 많은 이와 나누려는 마음이 있었습니다. 유튜브 채널을 개설해 운영하는 것도 바로 이런 이유에서입니다. 단점에 집중하지 않고, 장점의 효과를 더 증폭할 방법을 찾은 거죠. 꾸준히 열심히 운영한 덕분에 감사하게도 많은 분이 제 채널을 찾아주고 계십니다.

◇ 긍정적인 심리적 암시를 합니다

오랫동안 열등감에 휩싸이면 사람이 비관적으로 변합니다. 그러므로 열등감을 없애려면 인생관, 가치관, 세계관을 긍정적으로 재정립할 필요가 있습니다. 자신을 부정하지 말고, 긍정적인 마음으로 삶에 임하며 좀 더 비범한 삶을 만들어가야 합니다. 요컨대 **열등감을 내려놓는 것은 자신을 꾸준히 단련, 향상, 긍정하는 과정인 동시에 긍정적인 인생 태도로 건강한 심리상태를 만드는 과정입니다.** 자신을 굳게 믿고, 자신에게 불필요한 부정적인 에너지를 더하지 마세요. 난관이나 좌절에 직면하더라도 어떻게든 극복할 방법을 찾으리라는 것을 믿어야 합니다. 소위 성공한 사람들도 모두 이전에는 여러 가지 좌절과 실패를 겪었지만 항상 자신을 믿고 앞으로 나아갔기 때문에 성공한 것입니다.

이상의 두 가지 방법 외에 자신을 좀 더 편안한 장소와 상황에 두는 방법도 추천합니다. 다시 말해, 내게 열등감을 느끼게 하는 환경을 의도적으로 피하는 방법입니다. 편안한 환경에서 다양한 활동과 도전을 수행하면 자신감이 더 향상될 것입니다. 예컨대 잘하는 운동, 익숙한 곳에서 하는 산책, 여행이나 새로운 언어 학습 등이 방법이 될 수 있습니다. 이런 일들이 삶의 동기를 부여하고 나를 더 자신감 있게 만들 것입니다.

스스로 만든 장벽을 넘어서

한계란 한번 설정하면 돌파하기가 여간 어렵지 않습니다. 하지만 대부분 사람이 스스로 한계를 설정하고, 그 안에서 사려는 경향을 보입니다. 육상 역사를 봐도 그렇습니다. 세계 기록이 특정 지점에 머무르면 모든 선수가 그 위치에 갇혀 좀처럼 기록을 깨지 못합니다. 그러다가 누군가 기존 기록을 깨는 순간, 이전의 세계 기록을 깨는 선수가 연이어 나타나곤 하죠. 왜 그런 현상이 일어날까요? 선수들의 마음속에 세계 기록은 절대 넘어서기 어려운 높은 장벽이었는데, 누군가 넘어서는 걸 보더니 마음이 바뀌었기 때문입니다. '그가 할 수 있다면, 나도 할 수 있어!'로 말이죠.

스스로 만든 한계와 관련해서 재미있는 실험이 하나 있습니다. 원래 벼룩은 최고 1.5미터까지 점프할 수 있는데, 이는 자기 키의 350배 정도 되는 높이입니다. 신장이 170센티미터인 사람이 벼룩과 같은 점프 능력이 있다면 거의 600미터를 뛰어오른다는 이야기입니다. 200층짜리 건물과 맞먹는 높이죠. 한 생물학자가 벼룩 한 마리를 유리컵에 넣었습니다. 당연히 벼룩은 유리컵에서 쉽게 튀어나올 수 있었습니다. 이어서 생물학자는 벼룩을 뚜껑이 있는 유리컵에 넣었습니다. 벼룩은 계속해서 뛰어올랐지만, 매번 뚜껑에 부딪혔습니다. 일주일 후, 생물학자가 뚜껑을 열었으나 벼룩은 유리컵에서 나올 수 없었습니다. 스스로 유리컵 높이에 맞춰 점프 높이를 조정했고, 이제 그 이상은 뛰어오를 수 없었기 때문입니다.

사람도 마찬가지입니다. 마음속에 한번 한계선을 그으면, 그 선을 넘어서기 어렵습니다. 그러니까 나의 가장 큰 장애물은 할 수 없다고 생각하는 나 자신인 거죠. 그래서 저는 누군가에게 꼬리표를 붙이는 일이 굉장히 조심스럽습니다. 저 자신이나 남에게 붙이는 것도 그렇고, 남이 제게 붙이는 것도 그렇습니다. 한번 꼬리표가 생기면 거기에 얽매이게 되거든요. 불교에 일체유심조(一切唯心造)라는 말이 있습니다. '모든 것은 오직 마음이 지어낸다'라는 의미입니다. 생각해봅시다. 혹시 마음이 넘지 못할 장벽을 만들고 있지는 않습니까?

사실 다른 사람이 붙이는 꼬리표는 가볍게 무시하거나 잘못되었음을 증명하는 방식으로 해결하면 됩니다. 문제는 자신에게 꼬리표를 붙이는 사람입니다. 나는 수학에 약한 사람이야, 나는 이성에게 매력이 없는 타입이야, 나는 절대 사업하면 안 되는 사람이야……, 이런 식으로 말입니다. 꼬리표, 즉 스스로 한계를 그어버리면 심리적 암시가 형성되어 그 일을 잘하지 못하는 것은 당연하고, 그 한계가 사실이라고 믿게 됩니다. 이야말로 가장 무서운 일입니다.

일반적으로 어떤 문제에 대해 객관적이고 이성적인 이해가 없으면 완전히 비현실적인 의견을 갖게 되는 경우가 많습니다. 현실과 동떨어진 이런 시각이 심각한 제약을 만들어 인지 오류의 장벽에 둘러싸이게 되는 것입니다. 그러므로 스스로 자신을 끊임없이 성장시켜야 합니다. 계속해서 읽고 배우고 일하고, 자신을 객관적으로 바라보고, 세상에 대한 이해를 넓히고, 다양한 타인과 소통해야 합니다. 좀 더 포괄적인 관점에서 자신을 이해하는 것입니다.

　자신의 한계를 설정하지 마세요. 더불어 타인이 내게 설정한 한계도 믿지 말기 바랍니다. 해내기 어렵다고 생각했던 일을 성공적으로 해낸 후, 자신이 성공했다는 사실에 놀란 적이 있지 않나요? 실제로 우리는 스스로 상상하는 것보다 훨씬 더 거대한 에너지와 무한한 잠재력을 보유하고 있습니다. 한계 따위는 없으니 한계라고 생각했던 것을 멀리 던져 버리세요. 과감하게 질문을 던지고 합리적으로 분석해서 정확한 판단을 내린 후, 그에 따라 실행하기만 하면 어떤 일이든 얼마든지 가능합니다.

내 안의 분별심 내려놓기

'분별심(分別心)'이란 불교에서 유래한 말로 어떤 대상을 구별하여 가르는 심리를 일컫습니다. 에덴동산의 아담과 이브는 금지된 선악과를 따먹은 후, 분별심이 생겼죠. 바로 그때부터 만물을 구별하기 시작했고, 직전까지만 해도 태초의 모습 그대로 아무 거리낌 없이 살았는데 갑자기 수치심과 두려움으로 휩싸였습니다.

이처럼 분별심으로 대상을 바라보면 객관적인 사실에서 멀어져 어느 한쪽을 차별하고 거부하게 됩니다. 스스로 생각하기에 옳은 것은 인정하고 그른 것은 배척하며, 아름다움은 사랑하고 추함은 혐오하고, 선한 것은 가까이하고 악한 것은 멀리하게 되는 식이죠. 또 나와 타인의 구별이 뚜렷해져 이것은 내 것이고 저것은 타인의 것, 이것은 내가 좋아하는 것이고 저것은 내가 싫어하는 것이 됩니다. 내 안의 분별심은 자기집착을 부르고 모든 것을 당연시하게 됩니다. 사랑하는 것도 당연하고, 미워하는 것도 정당화되는 것입니다.

일반적으로 대부분 사람은 개개인의 교육 수준과 경험, 주변 환경과 사람들의 영향에 기초해서 대상을 구별합니다. 하지만 시비, 미추, 선악, 호불호, 인아(人我, 타인과 나) 등은 개개인의 입장, 다른 시공간 배경에서 기준이 다르고 정의도 다릅니다. 사람과 사물은 모두 본질적으로 양면이 있는 법이고, 모든 것은 상대적이지 절대적인 기준은 세상에 존재하지 않습니다. 이를 무시하고 '에고', 즉 '감정이나 욕망 따위에 사로잡힌 자아'가 만든 고정된 기준으로 대상을 인식하면 번뇌와 번민이 생겨나고 삶이 고통스러우며 어렵게만 흘러갑니다. 좋아하면 탐욕이 생기고, 탐욕이 생기면 얻지 못해도 괴롭고, 얻더라도 잃을까 두려워 괴롭습니다. 미움이 있으면 원한이 생기고, 원한에서 벗어나지 못하는 고통에 시달립니다.

우리는 왜 분별심을 내려놓아야 할까요?

간단히 말해서 분별심은 '에고'라는 인지적 차원에서 생성된 집착이 자 이기심, 일종의 '색안경'이기 때문입니다. 물론 어떤 일, 사람, 사물을 이기적으로 보는 것은 인간의 공통된 본성입니다. 또 특정 시기나 특정 연령대에서는 분별심이 생계를 유지하고 성공을 거두는 데 꼭 필요한 수단이나 무기가 될 수 있습니다. 분별심으로 사람과 사물을 구별해야 할 때도 있을 수 있죠. 하지만 분별심으로 내면을 채운 사람은 균형을 잃고 평정심이 사라져 도무지 마음이 편치 않고 알 수 없는 불안과 초조감에 시달리게 됩니다. 그러므로 적어도 중장년기에 접어 들었다면 분별심을 반드시 내려놓는 법을 배워야 합니다. 도덕적 품성을 함양하고 자기 삶을 더 평안하게 돌보려면 고정된 기준을 버리고, 스스로 판단해 마음의 균형을 찾아야 합니다. 마음의 균형은 곧 평화를 의미하며, 평화는 안정된 마음, 고요한 성품, 편안한 정신상 태를 부릅니다.

분별심은 사람의 본심이 아닙니다. 사람의 본심은 아기처럼 순수하고 자연스러운 '순진한 마음'입니다. 이런 본심이 각종 미혹에 눈이 멀게 되면 분별심이 생겨나고 본심을 잃게 되는 것입니다. 우리가 살면서 느끼는 고통은 이러한 마음의 분리 때문임이 틀림없으니, 어서 본심으로 돌아가 순수한 상태를 지켜야 합니다. 맹자가 '대인이란 어린아이의 마음을 잃지 않은 사람이다'라고 한 말 역시 같은 맥락입니다.

그럼 분별심을 어떻게 내려놓아야 할까요? 사실 특별한 방법은 없습니다. 이상의 내용을 토대로 '분별심 내려놓기'의 중요성을 정확히 이해했다면 자연스레 놓아주게 될 것입니다. 조금 더 구체적으로는 다음의 두 가지 방법을 추천합니다.

◇ 관찰과 암시

자신에게 분별심이 생겼고, 그로 인해 고통스럽다면 우선 그 마음을 찬찬히 관찰해야 합니다. 마음 깊은 곳에서 생겨난 분별심을 관찰하고 생각하는 동시에 암시해야 합니다. '이것은 분별심일 뿐, 내 본심이 아니다. 분별심은 나를 고통스럽게 할 뿐이니, 반드시 없애야 한다'라고 말이죠. 반드시 기억해야 할 부분은 이 과정에서 절대 흔들리지 않는 것입니다. 과거도 미래도 생각하지 말고, 득실을 따지지도 말고, 세속의 흔적을 마음에 두지 마세요. 어떤 것도 구별하지 말고, 희망도 의심도 품지 말며, 욕망도 버려야 합니다. 그렇게 관찰하고 암시하면 분별심은 뜨거운 태양 아래 서리꽃처럼 온데간데없이 사라질 것입니다. 어떤 분별심이든 그 본질은 여전히 덧없고 무상하며 공허하기 때문입니다.

◇ 차단과 분리

모든 분별심을 마음을 산란하게 하는 범인으로 간주하고, 그러한 마음이 떠오르자마자 일격에 사라지게 하는 방법입니다. 이때 휘두를 수 있는 무기는 '정념', 즉 바른 생각입니다. 잡념이 들어 분별심이 생기려 하면 곧장 정념을 떠올리고 집중력을 유지하면서 분별심을 밀어내도록 합니다. 이 방법이 성공하려면 우선 긴장을 풀어야 합니다. 최대한 편안해진 마음으로 세상을 바라보면 사실 분별이란 애초에 존재하지 않음을 깨닫게 될 것입니다. 이런 식으로 계속 마음을 비워가면 더는 집착하지 않고, 세상 만물에 현혹되지 않으며, 구름 한 점 없이 맑은 하늘의 빛과 고요를 느낄 것입니다.

마른 나무처럼, 불 꺼진 재처럼

다음은 《장자(莊子)》 내편◦제물론(內篇◦齊物論)에 나오는 이야기입니다.

하루는 남곽자기(南郭子綦)가 책상에 기대어 앉아 있다가 하늘을 우러러보며 긴 숨을 내쉬었다. 그 모습이 마치 세상을 잊은 듯하여 제자가 깜짝 놀라 물었다.

"어찌 그렇게 하십니까? 몸은 마치 마른 나무처럼 굳어지게 하시고, 마음은 마치 불 꺼진 재처럼 되셨습니다. 오늘 모습은 어제 계시던 모습과 전혀 다릅니다."

"너의 질문이 참으로 훌륭하구나! 지금 나는 나 자신의 상(喪)을 치렀다. 그것을 알겠느냐?"

이 이야기에서 장자는 '내 안의 나'를 죽여야만 진정으로 자유로워질 수 있다고 말합니다. 이 '내 안의 나'가 바로 흔히 말하는 '에고'입니다. 우리가 살면서 부딪히는 큰 문제는 대부분 아이러니하게도 '나(에고)'라는 단어에서 비롯합니다. 우리는 '나(에고)'라는 자의식에서 쉽사리 벗어날 수가 없습니다. 에고라는 자의식이 비대해지면 이기심과 소유욕, 차별의식이 강해지며, 추구와 상실이 계속되어 번뇌와 고통이 끝없이 찾아오기 때문입니다. 또 에고는 사물의 참된 모습을 볼 수 없게 만들고, 온갖 시비지심과 경쟁심을 일으켜 다툼의 씨앗이 되기도 합니다. 에고에 휩싸인 사람은 이 세상이 오로지 대립과 차별로 가득한 곳으로만 보일 것입니다. 그래서 지극히 대립적인 가치 판단에서 벗어나지 못하는 것입니다.

장자가 죽이라고 한 나, 즉 에고는 현실 세계에서 아집이나 편견, 독선의 형태로 드러나 존재합니다. 이런 것들은 나의 자존감을 지켜주지 못합니다. 오히려 내려놓고 비울 때, 내 자존감이 더 단단해집니다. 내면에서 에고를 지워야 타인과의 대립적 구도가 사라져 비교 자체가 불가능해져서 다툼과 분쟁이 생길 가능성이 생겨나지 않기 때문입니다.

앞서 소개한 이야기에서 남곽자기는 자신을 '마른 나무'와 '불 꺼진 재'로 만들어 자신의 '상'을 치렀다고 말했습니다. 자기 몸과 마음의 존재마저 망각함으로써 완전히 자유로운 상태에 이른다는 의미겠지요. 그러니까 스스로 마른 나무와 불 꺼진 재의 형태로 존재해야만 비로소 외부의 어떤 변수에도 흔들리지 않으며 일체의 시비와 구분, 비교에서 벗어나 냉철한 평정심을 유지한다는 것입니다. 물론 일상에서 우리가 이 정도로 완벽하게 자신을 통제할 수는 없겠지만, 꾸준한 수양을 통해 조금씩 자신을 다스리다 보면 마음속에서 천천히 에고가 사라지고 반짝이는 자존감이 그 자리를 채울 것입니다.

조금 어려운 이야기였나요? 쉽게 말해서 장자 사상의 요체를 한 문장으로 요약하면 '구분 짓지 말라'입니다. 구분 짓는다는 것은 세상을 나와 너, 내 편과 네 편, 선과 악, 정의와 불의 등으로 나누어 비교함을 의미합니다. 구분하면 다툼과 분쟁으로 이어질 수밖에 없습니다. 각자의 기준이 다르다 보니 서로 자신이 맞다고 싸우게 되는 것입니다. 구분 짓지 않는 사람은 자기 본위의 상념에서 이미 벗어난 사람입니다. 이런 사람만이 자기 내면에 확립된 절대적인 기준에 따라 살기 때문에 절대적인 무차별, 무분별의 세계에서 무한한 자유를 누릴 수 있습니다.

때로는 무심할 필요도 있습니다

'번뇌즉보리(煩惱卽菩提)'란 번뇌가 있기에 곧 깨달음이 있다는 의미입니다. 불교에서는 번뇌와 깨달음이 본질적으로 똑같기에 번뇌가 있는 그곳에 깨달음이 있다고 합니다. 번뇌를 떠나서는 깨달음이 없는 거죠. 우리 삶에서 번뇌는 일종의 '상태(常態)'입니다. 이를 따지고 드는 사람에게는 번뇌가 영원히 번뇌로 남겠지만, 따질 마음 없이 있는 그대로 받아들이는 사람은 깨달음에 이르러 큰 자유를 얻게 될 것입니다.

이런 이유로 우리는 무심할 줄 알아야 합니다. 무심함은 일종의 마음가짐이며 조용하나 심오한 삶의 철학입니다. 포기나 타협이 아니라, 오히려 힘, 지혜, 자신감의 표현입니다. 지금처럼 끊임없이 변화하는 세상에서는 예측하거나 파악할 수 없는 일이 많으므로 무심한 눈을 할 필요가 있습니다. 삶의 변화무쌍함과 우여곡절에 이성적이며 무심한 태도로 대처하고, 평정심으로 희로애락을 마주할 줄 알아야 합니다. 그러니 기쁜 일이 생겼다고 크게 웃지 말고, 힘든 일이 생겼다고 크게 슬퍼하지 마세요. 인생의 모든 경험은 좋든 나쁘든 우리의 성장을 위한 시련이자 시험이라는 사실을 받아들이기를 권합니다.

좌절과 실패를 겪을 때 담담하게 대처하면서 쉽게 포기하거나 너무 자책하지 않기를 바랍니다. 침착함을 유지하면서 마음을 가다듬고 다음 방향을 찾아 새롭게 출발해야 합니다. 반대로 성공과 명예가 주어져도 자만하여 안주하지 말고, 차분한 태도를 유지하면서 모든 상황을 이성적인 시선으로 바라보아야 합니다. 이처럼 어떠한 상황에서도 무심한 마음가짐을 유지하는 사람은 일희일비하지 않습니다. 늘 평화롭고 조용한 상태, 잔잔한 미소를 띤 얼굴로 삶에 임할 수 있습니다.

그렇다면 어떻게 해야 무심한 마음가짐을 가질 수 있을까요? 무심함은 단번에 길러내기 어려우며 일상생활에서 축적되고 자기 수양을 통해 발전되어야 합니다. 이렇게 나이가 들고 보니, '무심함으로 대했다면 더 좋지 않았을까……' 생각되는 지난 일이 많습니다. 무심함이야말로 진정한 강인함이라는 생각도 들고요. 물론 지금도 완전히 무심한 시선으로 세상사를 바라보기가 쉽지는 않습니다. 다음은 제 마음에 동요가 일고, 감정에 휩쓸려 사랑과 증오가 마음속에 쌓이려 할 때, 스스로 자신에게 끊임없이 질문하는 일곱 가지입니다.

1. 이렇게 괴로워하는 것에 의미가 있을까?
2. 운명을 원망하고 남을 탓하는 것이 효과적일까?
3. 두려워해서 무슨 소용인가?
4. 왜 필사적으로 내 것으로 하려고 하는가?
5. 권력과 명예에 삶의 가치가 있을 수 있을까?

6. 정말 세상을 차지하고 싶은 건가?

7. 그렇게 화를 낸다고 도움이 될까?

　이렇게 써놓고 보니 무심함을 기르기 위해서라기보다 냉정한 자기 성찰을 위한 질문들 같습니다. 사실 생각을 줄이고, 부정적 마인드셋을 뜯어고치고, 한계를 넘고, 분별심을 내려놓는 모든 과정은 각각의 것일 수 없습니다. 내려놓기는 다각적인 방향에서 반복적인 실천을 통해 명리와 욕망의 굴레에서 서서히 벗어나는 것이니까요. 그러니 마음을 차분히 해서 내 안의 소리에 귀를 기울이기 바랍니다. 삶을 무심하게 대해야만 우리는 진정으로 자유롭고 근심 없는 사고방식을 가질 수 있으며, 언제 어디서나 삶의 아름다움을 누릴 수 있습니다. 일상에서 무심한 태도를 유지하고 평범한 삶의 모든 부분을 즐기며, 그것이 행복이든 고통이든 무심한 마음을 마주하도록 노력해야 합니다.

어떻게 해야 한 방울의 물이 영원히 마르지 않을 수 있을까?
바다에 던져지면 되느니.

— 라빈드라나드 타고르(Rabindranath Tagore)

제3장

탐욕이 혼돈의 소용돌이를 만든다

우리는 살면서 더 많은 것을 원하고, 더 많은 것을 얻기 위해 끊임없이 노력합니다. 하지만 그 마음이 과도해지면 탐욕으로 변질되고, 탐욕은 종종 우리를 혼란과 불안의 소용돌이로 밀어 넣습니다.

이 장에서는 탐욕이 우리의 삶에 미치는 영향을 탐구하고, 어떻게 해야 간소하고 만족스러운 삶을 찾을 수 있는지를 다룹니다.

어떻게 해야 탐욕을 극복하고 더 나은 삶을 창조할 수 있을까요? 여기에서 제시하는 여섯 가지 방법은 독자들에게 더 큰 평화와 해방을 선사할 것입니다.

욕망으로부터 멀어지기

때로는 욕망이 끊임없이 더 나아지고자 노력하고 향상을 추구하게 만드는 원동력일 수 있습니다. '물은 낮은 곳으로 흐르고, 사람은 더 높은 곳으로 가려한다'라는 말도 그런 의미지요. '황제가 되면 불멸자(不滅者)가 되고 싶다'라는 말도 있습니다. 사람의 욕심은 끝이 없다는 의미가 되겠습니다. 결국, 자신 안의 욕망을 긍정적인 힘으로 쓸 것인가, 부정적인 힘으로 쓸 것인가는 전적으로 자신에게 달렸습니다. 안타깝게도 사람은 욕망에 참으로 나약한 존재인 탓에 후자의 경우가 더 많습니다. 그렇다면 현대사회를 살아가는 우리는 욕망을 어떻게 대하고 다루어야 할까요?

고대 중국에서는 과욕을 경계하기 위해 '계영배(戒盈杯)'라는 술잔을 만들었습니다. 이름에서 '경계할 계(戒)'와 '가득 찰 영(盈)'을 쓰는 이 술잔은 '가득 참'을 경계하는 잔입니다. 계영배는 밑바닥에 분명히 구멍이 뚫려 있는데도 술을 부으면 전혀 새지 않다가 7할 이상 채우게 되면 술이 구멍으로 빠져나갑니다. 술을 7할이 되기 전까지만 따라야 온전히 마실 수가 있습니다. 계영배는 원래 하늘에 제사 드릴 때 사용한 '의기(儀器)'인데 인간의 끝없는 욕심을 경계해야 한다는 의미가 있습니다. 제나라 환공(齊 桓公)과 공자(孔子)가 항상 곁에 두고 자신을 돌아보며 과욕을 비롯한 모든 지나침을 경계한 것으로도 유명합니다.

저는 계영배와 같은 마음가짐을 지향합니다. 현대사회에서 가정을 이루고 경제 활동을 하며 사는 보통의 사람으로서 절대 어떤 것을 향한 욕망을 품지 않겠다고 단언하기는 어렵습니다. 그런 태도는 아무것도 의욕적으로 하지 않을 핑계, 섣부른 허무주의나 냉소주의일 뿐이니 오히려 경계해야 합니다. 다만 계영배처럼 어느 정도를 채웠다면 과도한 욕망에 휩싸이지 않습니다. 적당한 수준의 욕망을 추구하며 긍정적인 힘으로 쓰려고 합니다.

사람의 마음은 종종 욕망 때문에 불순하며 혼란스럽기까지 합니다. 순수한 마음을 유지하면서 자신의 욕망을 잘 처리하는 사람만이 잘못된 길로 빠지지 않을 수 있습니다. 살면서 욕심을 부리지 않기는 절대 쉬운 일이 아니지만, 욕망이 너무 강하면 욕망에 사로잡힌 노예가 되어 평생 무거운 짐을 진 채로 나아가야 할 수 있습니다. 특히 물질적으로 만족하지 못하는 것은 일종의 병입니다. 이런 병적인 상태가 계속되면 만족할 수 없는 탐욕이 되고, 그 결과는 필연적으로 자멸과 자폭으로 이어질 것입니다. 사실 곰곰이 생각해보면 하루에 사람에게 필요한 것은 겨우 세 끼의 식사와 안락한 잠자리 하나일 뿐임을 알게 될 것입니다. 인생은 짧고, 세상의 모든 은혜와 원한, 공명과 이익은 모두 잠깐에 지나지 않습니다. 번영과 좌절 역시 짧은 순간에 지나지 않습니다. 내 안의 욕망을 잠재우고 다룰 줄 알아야 행복할 수 있습니다.

파도의 매력은 부서지는 아름다운 포말이 아니라, 수행자와 같은 반복에 있다고 합니다. 밀려왔다 밀려가는 파도를 보면 우리가 얼마나 작은 존재인지 깨닫습니다. 파도의 치열한 업을 보면, 갑자기 모든 욕망을 내버리고 싶어집니다. 스스로 욕망을 내려놓는 것은 일종의 지혜입니다. 욕망을 내려놓을 줄 알아야 낮에는 홀가분한 마음으로 할 일을 하고, 밤에는 편안하게 잠들 수 있습니다. 이런 사람만이 걸을 때는 거리낌 없이 든든하고, 후회 없이 지난 일을 돌아볼 수 있습니다. 물질적 욕망이 적을수록 마음이 안정되고, 적게 소유할수록 공덕은 더 커집니다. 삶의 득실을 열린 마음으로 직면하고, 꽉 쥔 손을 펴서 욕망을 버려 행복이 찾아올 수 있게 합시다.

욕망이 내 마음을 짓밟지 않도록

앞서 언급했듯이 사람이 욕망을 갖는 것은 정상적인 일입니다. 욕망은 사람이 하는 모든 활동의 근원으로, 사람은 욕망이 있어야 그것을 충족하기 위해 움직이게 됩니다. 현실에서 우리가 이처럼 바쁘게 움직이는 것도 욕망이 있기 때문입니다. 추구하는 목표가 없으면 인생이 얼마나 따분하고 지루하겠습니까? 누구나 적당한 수준의 욕망을 정상적인 방법으로 추구하여 삶의 질을 향상할 수 있습니다. 물론 욕망의 '적당한 수준'은 시대와 환경에 따라 달라집니다. 과거에는 뭘 먹든지 배불리 먹고 헝겊을 대지 않은 깨끗한 옷을 입으면 충분했기에, 누군가 매일 고기를 먹으려고 한다거나 비단옷을 탐내면 과욕이라 비난했습니다. 하지만 오늘날에는 그렇지 않습니다. 지금 누군가 매일 고기를 먹고 좋은 옷을 갖는다고 해서 사치라 비난할 수 없습니다.

그렇다면 현대인의 적당한 욕망의 수준은 어느 정도일까요? 제가 보기에 정상적인 노동을 통해 충족될 수 있는 욕망이라면 적당한 수준이라 해도 무방합니다. 하지만 이보다 더 중요한 것은 한 사람의 '내면에 욕망이 얼마나 크게 자리 잡고 있는가'가 아니라, '욕망이 충족되지 않았을 때 불편함, 원망, 고통을 느끼지 않고 편안히 지낼 수 있는가'입니다.

예를 들어보죠. 생활 수준이 비슷한 두 사람이 오지에 가까운 산간

지역으로 여행을 떠났습니다. 그중 한 사람은 극심한 물자 부족이나 열악한 자연조건에도 불구하고 즐겁게 지내는데, 다른 한 사람은 매우 고통스러워 어서 이 지옥에서 벗어나기만을 간절히 바랍니다. 이전의 생활상이 비슷한데도 두 사람의 반응이 이렇게 확연히 다른 이유는 후자의 욕망이 더 크기 때문일 것입니다.

욕망과 관련하여 우리는 두 가지 문제를 해결해야 합니다.

첫 번째 문제는 인간의 본성이 불만족에 더 민감하기에 자신의 욕망이 너무 많다고 느끼지 못하는 것입니다. 간단히 말해서 부족한 것이 없는데도 가진 것보다 더 좋은 무언가를 바란다면, 이는 적당한 수준을 넘어선 '과도한 욕망'이라고 할 수 있습니다. 욕망이 과도해졌을 때, 그것을 곧장 내려놓고 자제하지 않으면 그 욕망이 채워지지 않는 고통에 빠지게 됩니다. 최악의 상황에는 인생을 죄악의 심연으로 몰고 가게 될 것입니다. 두 번째 문제는 욕망이 끝나지 않는다는 것입니다. 한 가지 욕망만 충족하면 더는 바랄 것이 없을 것 같지만, 막상 그것을 이루면 또 다른 새로운 욕망이 생겨납니다. 그 굴레에 빠져 있다가는 내 몸과 마음을 수양할 시간과 여유가 생길 리 없습니다.

이처럼 계속되는 과도한 욕망에 사로잡힌 사람은 욕망의 노예로 전락하고 맙니다. 반대로 자신의 욕망을 삶을 채찍질하는 긍정적인 힘으로 작용케 하고, 마음먹은 대로 얼마든지 자제하거나 활용하는 사람은 욕망의 주인으로 살 수 있습니다. 욕망의 주인이 된 사람은 대부분 명예와 부에 무관심하고, 외적인 것에 흔들려 지치지 않으며, 내면의 수양을 중시합니다. 한 노교수는 중년에 접어들며 서예를 시작해 매일 하루도 빠짐없이 서예 연습을 했다고 합니다. 그는 자신이 서예를 시작한 이유를 이렇게 말했습니다.

"사람은 손이 있으면 무언가를 가지고 싶어 합니다. 돈을 보면 한 움큼 잡고 싶고, 직함을 보면 가져다가 가슴 앞에 달고 싶습니다. 어느 날, 이런 마음이 나를 비이성적으로 만들지도 모른다는 생각이 들었어요. 그래서 욕망을 잠재우기 위해 이 손에 붓을 들기로 했습니다. 매일 글씨 쓰기에 전념하며 쉬지 않고 손을 놀렸더니 욕망도 점차 줄어들더군요."

끊임없이 일어나는 과도한 욕망이 내 삶을 짓밟지 않도록 해야 합니다. 우리가 무슨 도인이나 선인도 아닌데 욕망을 완전히 없애서 신선처럼 살 수는 없죠. 현대인은 현대인에게 맞는, 각자 자신의 분수에 맞는 욕망이 있습니다. 경계해야 할 것은 자꾸만 늘어나는 과도한 욕망입니다. 욕망을 적당한 수준으로 유지해서 내 삶의 원동력으로 작용하도록 해야 합니다. 혹여 충족되지 않더라도 그 고통에 무너질 필요는 없습니다.

단샤리, 빼기의 미학

새는 아무리 큰 숲에 둥지를 틀어도 나뭇가지 하나만 차지할 수 있고, 쥐는 아무리 큰 강의 물을 마셔도 자신의 배만 채울 수 있습니다. 이미 수천 년 전부터 동서고금의 현자와 철학자들은 너무 많은 물질이 우리에게 무익하다고 줄기차게 이야기했습니다. 하지만 이런 조언과 당부가 무색하게 물욕을 버린 덕에 더 큰 자유를 얻은 사람보다, 물욕을 버리지 못한 탓에 낭패를 본 사람이 더 많습니다. 물욕에서 벗어나기가 그렇게 쉽지 않은 까닭이겠지요.

물욕이 극단적으로 팽창해 우리 삶에 부담과 혼란을 가져오자 그 반대급부로 '미니멀 라이프'가 주목받았습니다. 미국에서 촉발된 킨포크 라이프(kinfolk life), 동일본 대지진 이후 일본에서 확산한 단샤리(斷捨離), 높은 행복지수를 자랑하는 덴마크 국민의 라이프스타일이라는 휘게(hygge) 등이 전부 같은 맥락입니다. 저는 이 중에서도 2010년대 일본 5060 세대에 불었다는 단샤리 열풍에 눈길이 가더군요. 단샤리는 한자에서도 알 수 있듯이 필요 없는 것을 '끊고, 버리고, 떠나는 것'이라는 의미입니다. 이른바 '버블경제'라 불렸던 경제적 호황을 누렸던 세대가 준비되지 않은 권고 퇴직을 앞두고 '노후 난민'이 되지 않기 위해 선택한 길이라고 합니다.

저는 평생 교직에 있으면서 전라도 최남단에서부터 수도권까지 다양한 지역에서 거주했고, 그만큼 여러 차례 이사했습니다. 매번 이사할 때마다 우리 집에 물건이 이렇게 많았나 싶어 깜짝 놀라곤 합니다. 몇 번 착용하지 않은 옷가지와 신발들, 한두 번 쓰고 놔둔 식기들, 읽지 않은 책들, 여행 기념품들, 선물 받은 이런저런 소품들까지……, 때로는 사용률이 거의 제로에 가까운 것들도 적지 않습니다. 분명히 저번에 이사하면서 크게 한번 정리했는데 언제 이렇게 늘어났는지 알 수 없어 헛웃음이 나오기도 하더군요. 나름대로 가정과 직장에 충실하게 살려는 마음에 늘 더하고 더하기만 한 결과겠지요.

진정으로 성공한 사람들, 그리고 삶의 의미를 제대로 이해한 사람들은 일찍이 의식적으로 자신의 삶에서 '빼기의 미학'을 실현해왔습니다. 미국의 사상가이자 문학가인 헨리 소로(Henry Thoreau)는 월든 연못가에 오두막을 짓고 홀로 2년 2개월을 살았습니다. 이때 쓴 《월든》은 미국 문학의 고전으로 지금까지도 널리 읽히고 있습니다. 소로는 이때의 삶에 관해 이렇게 말했습니다.

"나는 삶에 깊이 파고들어 그 골수를 빨아들이면서 단단하고 단순하게 살고 싶습니다. 내게 속하지 않는 모든 것을 깔끔하게 제거하여 삶을 극한까지 몰아넣습니다. 가장 기본적인 형태로 단순하게, 더 단순하게 만듭니다."

이외에도 성공한 사람일수록 물욕에 휘둘리지 않으며 더 단순한 삶을 추구한다는 사실을 입증하는 예는 많습니다. 홍콩 최고의 부호라는 리카싱(李嘉誠)은 우리 돈으로 16만 원 가량하는 시계를 30년 넘게 차고 있습니다. 또 20년이 넘도록 쓴 안경은 시력에 맞춰 렌즈만 바꿨을 뿐, 안경테는 그대로라고 합니다. 애플 창업자 스티브 잡스(Steve Jobs)는 평생 '적을수록 더 좋다'라는 신념을 지켰습니다. 30세가 되기 전에 이미 억만장자가 된 그의 집에는 가구가 거의 없었습니다. 평소 존경하던 아인슈타인(Albert Einstein)의 그림 한 점, 티파니 램프 하나, 의자 하나, 침대 하나뿐이었다고 합니다. 이처럼 성공한 사람들은 평생 '빼기'를 하며 살아왔습니다. 우리가 부러워하는 모든 것을 전부 가졌으면서도 빼기를 통해 만족스러운 삶을 살 수 있었던 까닭은 그들이 물욕에 얽매이지 않고, 물욕을 통제했기 때문입니다.

다시 단샤리, 즉 끊고, 버리고, 떠나는 이야기로 돌아가 보겠습니다. 이런 삶을 살려면 스스로 자신을 깊이 분석하고, 자신에게 가장 중요하고 의미 있는 것이 무엇인지 이해하는 것이 중요합니다. 명상과 집중을 통해 자신을 되돌아보기를 권장합니다. 찬찬히 살펴보면 정작 필요한 것은 몇 가지 되지 않을 것입니다. 유용하지 않은 물건, 필요 없는 관계, 문제만 증가시키는 정신적 활동을 통제하며 최대한의 영적 자유를 얻기 위해 단순한 삶을 살아보세요.

명예욕의 함정

이 시대에 명예란 개인이 세상의 관심과 인정을 받도록 유도하는 매혹적인 힘입니다. 외부로부터 자신의 가치에 대한 검증을 받고 성취감을 느낄 수 있는 가장 중요한 수단이죠. 하지만 명예욕, 즉 명예를 얻기 위한 탐욕은 우리의 판단을 흐리게 합니다. 단언컨대 명예욕은 진정한 성공과 행복을 위협하는 흔한 인간의 본능 중 하나입니다.

명예욕이 큰 사람들이 이야기하는 명예란 보통 '외부로부터의 인정'인 경우가 많습니다. 그러다 보니 종종 명예와 사회적 인정을 얻기 위해 자신의 가치와 행복을 희생하는 실수를 저지르곤 하죠. **사실상 명예욕은 행복과 완전히 배치되는 개념이라고 할 수 있습니다. 알다시피 진정한 행복은 외부가 아니라 내부로부터 느끼는 만족감에서 비롯되기 때문입니다.** 이런 행복이야말로 더 지속적이고 깊이가 있죠.

명예에 집착하는 사람은 자신의 가치를 명예의 여부로 판단합니다. 그래서 명예를 충족하지 못하면 끊임없는 불만과 비교에 이르러 항상 나 자신을 부정적으로 평가하고 자기 비하에 빠집니다. 자신을 판단하는 방식을 왜곡하는 것이죠. 이런 의미에서 명예욕은 우리의 정신 건강에 매우 부정적인 영향을 미칩니다. 명예욕이 큰 사람은 외부 인정에 의존한 삶을 살므로 불안과 스트레스가 끊일 날이 없죠. 자기 존중보다 명예를 얻는 일이 더 중요하므로 좀처럼 자신을 사랑할 수 없습니다.

명예욕을 내려놓으면 그동안 무시해왔던 자기 내면의 진정한 가치를 발견하고, 더 중요하게 생각하게 됩니다. 이렇게 되면 인생의 목표를 재평가하고, 단순히 명예를 얻는 것이 아니라 진정한 행복을 찾는 방향으로 나아가게 되죠. 실제로 역사를 통틀어 많은 개인이 자신이 하는 일의 가치와 목적에 더 집중함으로써 위대함을 성취했습니다. 명예의 유무만으로 정의할 때, 성공은 한없이 얕고 덧없는 것이 될 수 있습니다. 진정한 성공이란 다른 사람들에게 가치를 제공하고, 사회에 공헌하는 것입니다. 따라서 명예욕을 내려놓고 진정한 성공을 이루고 싶다면 무엇을 얻는 대신, 무엇을 제공할 수 있는지에 초점을 맞추기를 권합니다. 더불어 명예욕을 버리면 가족, 친구, 동료들과 더 깊고 의미 있는 관계를 형성하는 데 더 많이 집중할 수 있습니다.

명예를 추구하는 것은 상당히 유혹적이지만, 종종 피상적인 성공으로 이어질 수 있습니다. 반면에 명예에 대한 욕심을 버리고 더 높은 자리에 오르면 심오하고 지속적인 성취를 가져올 수 있습니다. 자신이 하는 일의 목적을 찾고, 진정성을 우선시하고, 과정에 집중하고, 유의미한 관계를 구축하고, 자기 성찰과 성장을 추구하며, 유의미한 유산을 남겨야 합니다. 이 길을 따라가면 개인은 더 깊은 성취감을 경험하고, 세상에 더 크고 중요한 영향을 미칠 수 있습니다.

명예욕을 내려놓는 것은 우리의 삶을 더 의미 있게 만들고, 행복을 찾는 데 도움이 됩니다. 명예를 향해 달려가는 대신, 진정한 가치인 사회적 기여에 초점을 맞추세요. 진정한 자아를 찾고 더 풍요롭고 행복한 삶, 더 나은 세상을 만들어나가야 합니다.

탐욕의 혼란에서 한발 물러나기

사람이 쓸 수 있는 에너지에는 한계가 있으므로 욕심이 난다고 전부 손에 넣으려고 하면 일이 제대로 될 리 없습니다. 자신에게 가장 적합한 것을 선택하고 집중해야만 가볍게 나아갈 수 있는 법입니다. 꼭 기억해야 할 한 가지는 세상의 구석구석에 온갖 유혹이 가득하다는 사실입니다. 유혹은 마치 공기처럼 어디에나 있죠. 그러니 항상 스스로 자신에게 욕심내지 말라고 경고해야만 자기 위치를 벗어나지 않고, 자신을 잃지 않을 수 있습니다.

우리는 살면서 많은 선택에 직면하고, 대부분 경우에 직면하는 여러 가능성 중에서 단 하나를 선택해야 합니다. 우리가 직면하는 선택은 상당히 매혹적이지만, 동시에 가질 수는 없습니다. 그래서 선택해야 할 때, 득실을 따지고 우유부단해지는 것입니다. 이 갈등 속에 너무 오래 머문 탓에 모든 것을 얻고자 했으나 결국 아무것도 얻지 못한 일이 비일비재하게 일어나죠. 삶이 원래 그렇습니다. 얻은 것이 있으면 잃은 것도 있고, 잃은 것이 있어야 얻을 수 있는 법입니다. 예컨대 성공하려면 향락을 포기해야 하고, 가정을 선택하면 혼자의 자유를 포기해야 하며, 마음의 평화를 선택하면 권력과 돈에 대한 경쟁을 포기해야 합니다.

선택에 직면하면 내게 필요한 것은 무엇인지, 내게 가장 중요한 것은 무엇인지, 내게 가장 적합한 것은 무엇인지 명확하게 알아야 합니다. 어쩌면 무의미해 보이는 선택들이 실제로는 우리의 일생에서 중대한 결정의 기초가 되기도 합니다. '작은 발걸음을 모으지 않으면 천 리에 이를 수 없고, 작은 물살을 쌓지 않으면 강과 바다를 이룰 수 없다'라는 일본 속담처럼 말입니다. 아무리 원대한 이상이나 위대한 명분이라도 처음에는 작고 평범하게 시작해야 하므로 사소해 보이는 선택도 신중하게 다루어야 합니다. 욕심난다고 무턱대고 달려들어 전부 내 손안에 넣으려고 다투어서는 안 되죠. 욕망에 휘둘릴 것이 아니라 선택의 결과가 자신이 세운 목표에 도움이 되는지 고려해야 합니다.

끝없는 욕망과 선택에 관해 재미있는 우화가 있습니다.

어느 날, 자비로운 신령이 가난한 두 사람 앞에 나타나 거대한 보물창고로 데려갔습니다. 보물창고 안으로 들어가기 전, 신령은 보물창고의 문이 열려 있는 시간은 아주 짧으니 원하는 보물이 보이면 그것을 가지고 바로 나와야 한다고 당부했습니다. 잠시 후, 한 사람은 자신에게 가장 필요한 황금 두 덩이를 양손에 들고 나왔습니다. 하지만 다른 한 사람은 창고 안의 눈부신 보물을 전부 가지고 싶어서 무엇을 가져갈지 좀처럼 결정하지 못했습니다. 그가 그렇게 망설이며 머뭇거리는 사이, 보물창고의 문은 굳게 닫히고 말았습니다.

아주 매력적으로 보이지만 자신에게 맞지 않는 것은 단호하게 포기해야 합니다. 어떤 선택을 할지는 자신의 조건과 환경, 구체적인 상황에 따라 결정되어야 하며, 반드시 주관을 따라야지 타인의 말을 따라서는 안 됩니다. 때로는 선택이 단순히 문제 해결을 넘어서, 자신의 인격과 개성을 반영하기도 합니다. 선택은 개인뿐 아니라 사회적 이익을 고려해야 하며, 일시적인 성급함이나 사소한 이익으로 인간으로서의 도덕과 양심, 타인의 신뢰를 잃어서는 안 됩니다.

기억해야 할 점은 인생의 대부분은 아무리 신중하게 선택하더라도 결국에는 완벽하지 않으며 항상 결점이 남게 되리라는 사실입니다. 하지만 결점 그 자체도 일종의 삶의 아름다움일 수 있습니다. 이는 엄청난 부나 권력을 가진 사람도 마찬가지입니다. 그래서 인생을 달콤쌉쌀하다고 하는 거겠지요. 선택에 직면했다면 내면의 탐욕이 만드는 혼란에서 한발 물러나서 바라보기 바랍니다. 탐욕을 버린 눈으로 바라보며 자신에게 가장 필요하고 적합한 것을 선택합니다. 선택했다면 이미 가장 현명하고 이성적이며 지혜로운 선택을 했으니, 다시 뒤돌아보거나 후회하지 말아야 합니다.

손해를 좀 보면 어떻습니까?

'손해'라는 말을 들으면 그 자체로 어떻게든 피해야 할 대상인 것 같습니다. 실제로 우리는 무엇을 선택하든 반드시 손해만큼은 피하려는 경향이 있죠. 저도 물론 그래왔고요. 하지만 이제 와 생각해보니 가끔은 손해를 보는 것도 크게 나쁘지 않다는 생각이 듭니다. 삶이 늘 승리와 성공으로 가득하지 않으며 분명히 손해와 실패의 순간이 존재하니까 말입니다. 이런 경험이 우리의 인생 여정을 더욱 풍요롭게 만들며, 미래의 성공으로 이어질 수 있는 출발점일지도 모릅니다.

물론 누구나 손해를 입으면 고통스럽고 억울함을 느낍니다. 하지만 이는 어디까지나 일시적인 감정일 뿐이며, 이 부정적인 감정을 계속 안고 가면서 스스로 자신을 괴롭힐지는 전적으로 본인에게 달려 있습니다. 덧붙이자면 여기서 이야기하는 손해란 일반적으로 말하는 '밑지다'의 개념에 국한하지 않으며, 다양한 측면을 포함하는 매우 광범위한 개념입니다. 사물에 대한 상실이나, 관계에서의 결핍도 모두 여기에 포함됩니다.

조금 더 구체적으로 이야기해 보겠습니다. 우선 우리는 손해에서 성장과 배움의 기회를 얻을 수 있습니다. 실패나 실수를 통해 손해를 경험했을 때, 우리는 이 경험을 통해 교훈을 얻고 이 교훈을 바탕으로 미래에 더 나은 선택을 할 수 있습니다. 예컨대 만약 자기만족과 안락함에 젖어 있던 사람이라면 자신을 진지하게 되돌아보게 될 것입니다. 그러면서 자아를 탐구하고 강화하는 거죠. 실패나 어려움을 극복하면서 우리는 자신을 더 잘 이해할 수 있습니다. 자신의 강점과 약점을 파악하고 더 나은 버전의 자신을 찾아낼 수도 있죠. 이런 변화는 금전, 일, 사회적 지위, 대인 관계 등 삶의 거의 모든 분야에서 이전에 겪은 손해보다 훨씬 더 큰 효용을 가져다줄 것입니다.

우리는 살면서 겪는 자잘한 손해들을 통해 한 단계 더 성숙해질 수 있습니다. 상실은 우리가 사물을 더 잘 이해하게 해주고, 결핍은 우리가 대인 관계에서 상대방과 소통하는 방법을 배우게 합니다. 더욱 개방적이고 관대해지며 인내하며 스트레스 관리 능력을 향상하세요. 평화롭고 차분한 마음 상태로 미래의 커다란 난관에 대비할 수 있습니다. 또 손해를 통해 능력을 향상하고 지식을 늘릴 수도 있습니다. 알다시피 인생에는 늘 해야 할 일과 해결해야 할 일들이 산재했습니다. 이전에 겪은 손해의 경험은 우리를 새로운 관점과 아이디어로 이끌어주곤 합니다. 그래서 우리가 다양한 각도에서 문제를 바라보고 창의적인 해결책을 찾게 해주는 거죠. 이러한 접근 방식은 나아가 혁신과 성공의 열쇠가 되기도 합니다.

기억해야 할 점은 손해를 봤다고 해서 나의 명예, 존엄, 체면 등이 사라지는 것은 아니라는 사실입니다. 자신이나 타인의 실수로 손해를 봤다면 그에 해당하는 보상 수단을 통해 잃어버린 것을 되돌릴 수 있습니다. 손해 한번 봤다고 마치 전장에서 치명상이라도 입은 병사처럼 굴 필요는 없습니다.

정리하자면 손해는 우리의 삶에 혼란을 일으킬 수 있지만, 동시에 우리는 이러한 경험을 통해 성장하고 발전합니다. 손해가 미래의 성공을 위한 밑거름이 되는 거죠. **손해를 통해 우리는 자기 인식을 향상하고, 새로운 관점을 찾고, 창의적인 해결책을 모색하며, 더 뛰어난 결정을 내릴 수 있습니다.** 손해를 극복한 경험은 우리를 더 강하게 만들고, 미래에 더 크게 도약하게 합니다. 그러니 손해를 좀 보면 어떻습니까? 가끔은 손해를 봐도 괜찮습니다.

만족과 욕심의 공존

대체 어떻게 해야 행복해질까요?

이 질문에 대한 대답은 아마도 사람마다 제각각일 것입니다. 심지어 한 가족 안에서도 저마다 다른 대답이 나올 것입니다. 안정된 직업, 좋은 집과 차, 가족의 건강, 좋은 성적, 최신 게임기……, 그런데 이런 것들을 얻으면 영원히 행복해질 수 있을까요? 글쎄요. 얼마 지나지 않아 또 원하는 것이 생길 테고, 다시 그것을 얻기 전까지는 완벽하게 행복해지지 않을 겁니다. 행복이란 만족에서 비롯되는데, 사람의 욕심은 끝이 없어서 만족하기가 어렵기 때문입니다. 그러므로 진정으로 행복하려면 욕심을 채우는 법이 아니라 만족하는 법을 찾아야 합니다.

만족하며 사는 것이 얼마나 중요한지는 꽤 자주 듣는 이야기입니다. 자기 삶에 대한 만족이 그 사람의 행복과 안녕에 필수적인 요소 중 하나임은 누구나 동의하는 사실이기도 하고요. 그런데 만족과 욕심은 종종 대립적인 가치처럼 느껴집니다. 만족이란 현 상황에 흡족해하며 감사함을 느끼는 감정이며, 욕심이란 더 나은 미래와 추가적인 성취를 추구하는 태도입니다. 이 두 가치의 충돌은 우리가 어떻게 삶을 살아가야 하는지에 대한 고민과 혼란을 일으킬 수도 있습니다. 그러나 만족과 욕심은 우리 삶에서 조화롭게 공존할 수 있으며, 심지어 서로를 보완할 수 있습니다.

만족은 우리가 내적 안정을 찾고 현재의 순간을 최대한 즐기는 데 도움을 줍니다. 사람이 현 상황에 만족감을 느끼면 과거에 대한 후회에 얽매이지 않고, 미래에 대한 불안에 시달리지 않습니다. 이는 우리의 내면에 평온을 가져다줍니다. 이렇게 내적 안정성이 증가하면 더 행복한 삶을 만들기 위한 전략을 계획, 실행하고 노력을 다하는 데 집중할 수 있습니다.

욕심은 우리에게 야심과 목표를 제시합니다. 욕심이 생기면 우리는 더 큰 성취와 발전을 위해 노력하도록 자극받습니다. 욕심은 우리의 창의성과 야망을 자극하고, 더 많은 가능성을 열어 제시합니다. 역사를 돌이켜봐도 욕심은 인류가 더 많은 혁신과 발전을 이루게 하는 원동력이었습니다. 과거의 불편함을 개선하고 미래의 풍요로운 가능성을 창조하고 싶은 욕심이 인류에게 이롭게 작용한 것입니다.

만족과 욕심은 상호 보완적인 성격이 있습니다. 우선 만족은 현재의 순간을 더 큰 관점에서 바라볼 수 있도록 도와줍니다. 만족을 통해 우리는 감사함을 느끼며 현재의 행복을 최대한 누릴 수 있습니다. 그리고 이런 마음 상태는 욕심과 함께 맞물려 미래의 목표를 더 뚜렷하게 설정하게 해줍니다. 그러나 만족과 욕심, 이 두 가치가 조화롭게 공존하려면 반드시 균형이 필요합니다. 욕심을 갖는 것은 좋지만, 그것이 우리의 삶에 지나치게 치중되면 만족을 느끼지 못해 내적 안정은커녕 불만만 쌓일 것입니다. 반면에 오직 만족만을 추구하면 우리는 더 나은 미래를 위한 비전을 잃고 성장하지 못할 것입니다.

만족과 욕심이 조화롭게 공존하기 위해서는 반드시 현실적인 응용이 필요합니다. 다시 말해, 목표와 야망을 향해 나아가면서도 현재의 순간을 즐기고 감사함을 느끼는 것이 중요합니다. 설정한 목표를 향해 힘차게 나아갈 때, 욕심을 키우는 것은 중요하나 그 과정에서 현재의 순간을 간과해서는 안 됩니다. 만족과 욕심, 이 두 가치를 균형 있게 조화시킬 때, 비로소 우리는 더 풍요롭고 의미 있는 삶을 살아갈 수 있습니다.

탐욕을 다스리는 여섯 가지 방법

탐욕이란 인간의 타고난 욕망으로 물질적 또는 정신적 부를 과도하게 추구하여 이성과 균형을 잃게 하고, 심지어 자신과 타인에게 해를 끼치게 되는 심리를 일컫습니다. 탐욕은 영혼을 죽이고 내면에 혼돈을 만드는 독으로 우리가 삶의 즐거움을 느끼지 못하게 만듭니다. 따라서 탐욕을 다스리는 방법을 터득하는 것은 우리의 심신 건강과 삶의 질에 매우 중요한 의미가 있습니다. 다음은 제가 실천하는 방법들로 독자들의 삶에 도움이 되고자 소개합니다.

◈ 방법1. 내면의 균형점을 찾는다.

탐욕은 욕망이 끝임없이 확장되어 내면의 균형이 깨지면서 정서적 불안정으로 이어지는 데서 비롯됩니다. 그러므로 탐욕을 끊어내려면 내면의 균형을 찾는 일이 급선무입니다. 내면의 균형이란 한 사람의 내면이 평온한 상태, 즉 외부 환경의 변화에 영향을 받지 않고 내면의 안정을 유지하는 상태를 의미합니다. 우리는 내면의 균형을 찾음으로써 욕망과 감정을 더 잘 다스릴 수 있습니다. 구체적인 방법은 다음과 같습니다.

● 매일 명상을 통해 자신의 가치관과 목표를 깊이 생각하고, 삶의 의미와 방향을 찾습니다.

●합리적인 계획과 목표를 수립하고, 시간과 자원을 합리적으로 배치하는 습관을 들입니다.

●외부의 방해와 유혹에 흔들리지 않고, 내면의 안정을 유지합니다.

●심신의 건강을 유지하기 위해 운동, 수면, 식이 등에서도 모두 균형을 유지합니다.

◇ 방법2. 심신을 수양하고 자기통제력을 강화한다.

심신 수양은 심성과 인성을 단련하여 내면의 자질과 능력을 향상하는 행위입니다. 이렇게 말하니 거창하지만, 심신 수양은 어렵지 않으며 하루 5분 명상을 꾸준히 하는 것만으로도 충분히 가능합니다. 심신 수양을 통해 자기통제력을 강화하면 욕망의 발생과 영향을 줄이는 데 도움이 될 수 있습니다. 구체적인 방법은 다음과 같습니다.

●명상의 장소와 시간은 크게 구애받을 필요 없습니다. 가장 편안하다고 느끼는 공간에서 잠깐의 시간을 이용해 자신을 바라보며 내면을 가다듬습니다.

●동서고금의 철학자, 선각자들의 가르침이 담긴 글을 읽으며 도덕적 수양을 강화합니다. 올바르고 강하며 용감한 성품을 형성하고, 내면의 힘과 자신감을 강화해서 탐욕의 유혹에 더 잘 저항할 수 있도록 합니다.

●자기 인식과 자기 이해의 수준을 향상해서 자신의 강점과 약점을 이해합니다. 이로써 자신의 욕망과 행동을 더 잘 통제할 수 있습니다.

●신체의 위생, 방 정리, 규칙 준수 등과 같은 일상의 세부적이고

작은 일들에 주의를 기울입니다. 이런 사소한 일들은 자기 훈련을 일상화해 책임감을 키울 수 있습니다.

◈ 방법3. 소비 개념을 바꾸고 사치와 낭비를 피한다.

현대사회에서 사람들은 종종 소비를 통해 자신의 욕구를 충족시킵니다. 대부분 사치품 구매나 과도한 낭비 등을 통해 실현되죠. 이러한 소비 방법은 일시적인 쾌락을 줄 뿐, 지속 가능한 행복에 긍정적인 역할을 하지 않으며 오히려 허무감만 키웁니다. 따라서 소비의 개념을 바꾸고 사치와 낭비를 피하는 것도 탐욕에 대처하는 중요한 방법입니다. 구체적인 방법은 다음과 같습니다.

●자신의 소비 욕구를 명확히 하고, 실제 필요에 따라 물품을 구매합니다. 무작정 유행을 따르거나 낭비하지 않도록 주의합니다.

●물건을 구매할 때는 의식적으로 비교하고 선택합니다. 브랜드나 외관만을 추구하기 위해 맹목적으로 소비해서는 안 됩니다.

●구매하는 물품의 수량과 빈도를 조절하고, 적절하게 절약하며 과도한 소비를 피합니다.

◈ 방법4. 양질의 사회적 관계를 발전시킨다.

인간은 사회적 동물이며, 사회적 관계의 질은 우리의 심신 건강에 중요한 영향을 미칩니다. 외로움과 스트레스는 탐욕의 흔한 원인이므로 양질의 사회적 관계를 맺고 발전시켜야 합니다. 이 과정에서 외로움과 스트레스가 감소하고 자신감과 만족감을 높여 과도한 탐욕을 억제할 수 있습니다. 구체적인 방법은 다음과 같습니다.

- 다른 사람과 적극적으로 소통하고 사회 활동에 참여함으로써 자신의 사회적 범위를 확장합니다.
- 서로 돌보고 지지하며 삶의 희로애락을 함께 나눌 수 있는 진실한 우정을 쌓습니다.
- 봉사활동과 공익사업에 참여하여 타인을 도움으로써 자아 가치와 성취감을 실현합니다.

◇ 방법5. 긍정적이고 낙관적인 태도를 기른다.

탐욕은 대체로 불안과 불만족, 스트레스를 동반합니다. 그러므로 긍정적이고 낙관적인 태도를 길러 건강한 정신상태를 유지하여 부정적인 감정의 영향을 줄여야 합니다. 이를 통해 심리적 회복 탄력성과 자기 조절 능력을 향상해 물질적 부에 대한 탐욕을 줄일 수 있습니다.

- 가벼운 스트레칭이나 명상, 음악 감상 등을 통해 부정적인 감정을 적시에 해결합니다.
- 읽기, 쓰기, 낭독, 영상 제작 등을 통해 사고력과 심리적 자질을 향상합니다.
- 삶의 도전과 어려움에 적극적으로 대처하고, 자기 동기부여와 용기를 통해 극복합니다.

◇ 방법6. 자신의 성장과 가치를 추구한다.

눈에 보이지 않는 정신적인 만족을 추구함으로써 내적 만족에 도달하는 것 역시 탐욕을 물리치는 중요한 방법입니다. 이로써 우리는 내적 필요와 성장에 더 집중할 수 있습니다.

- 새로운 지식이나 기술을 습득하는 등 자기 향상과 성장에 삶의 중점을 둡니다.
- 문화예술 분야에 관심을 기울이고, 감상, 창작, 참여함으로써 삶의 아름다움을 경험합니다.
- 도덕과 윤리의 영역에 주목해 실천을 통해 자신의 가치와 사명감을 실현합니다.

탐욕을 줄이는 것은 우리 자신의 신체적 정신적 건강과 행복을 향상하는 데 도움이 될 뿐만 아니라, 사회의 조화로운 발전과 공정성, 정의를 증진하는 데에도 도움이 됩니다. 따라서 개인의 자율과 통제 외에 사회 전체의 분위기나 제도도 욕망의 억제에 효과적입니다. 예컨대 부와 물질의 덧없음이나 탐욕을 경계하는 교육을 강화하고, 이를 지원하는 사회적 지원 시스템을 구축하는 것도 일정한 역할을 하겠죠. 지극히 평범한 사람인 제가 유튜브 영상을 만들어 올리며 많은 분에게 좋은 말씀을 전하는 것도 이 사회에 작은 도움이 되고자 함입니다. 요즈음은 다양한 콘텐츠 플랫폼이 많으므로 도전해보기를 권합니다.

마지막으로 당부할 것은 소개한 여섯 가지 방법이 단번에 문제를 해결하는 솔루션이 아니라는 점입니다. 어떤 방법을 선택하든 끈기와 장기적인 실천이 꼭 필요합니다. 또 제 방법을 구체적으로 정리해 소개하였으나 개개인의 상황에 따라 조정할 필요가 있습니다.

과거는 과거다.

과거보다는 미래가 더 중요하다.

미래보다는 현재가 더 중요하다.

현재보다는 오늘이 더 중요하다.

오늘보다는 지금이 더 중요하다.

지금과 오늘을 소중히 여기고, 이것이 자신을 위해 있다고 확신하자.

— 앙드레 모루아(Andre Maurois)

제4장

과거와 미래에 얽매인 사람은 현재가 없다

우리 인생은 과거, 현재, 그리고 미래의 연속된 여정입니다. 우리는 과거에서 배우며 현재를 살며, 미래를 꿈꾸고 준비합니다. 그러나 종종 과거와 미래에 과도하게 집중한 나머지, 현재의 순간을 놓치고 후회와 불안에 사로잡히게 됩니다.

이 장은 과거와 미래의 그림자가 어떻게 우리를 구속하는지, 어떻게 해야 과거와 미래를 내려놓고 현재를 인식하며 살아갈 수 있는지를 탐구합니다. 과거와 미래의 그림자에서 벗어나면 분명히 더 나은 삶을 발견할 수 있습니다. 현재의 순간은 우리의 삶에서 가장 귀중한 선물 중 하나입니다. 그러므로 현재의 순간을 살아가며 더 나은 삶을 창조하는 여정을 시작해 봅시다.

과거라는 무거운 짐

과거에 관해 먼저 이야기해 봅시다. 알다시피 누구나 과거에 어떤 일을 경험합니다. 그중에는 아름답고 행복한 일도 있지만, 사무치게 고통스럽거나 절대 잊히지 않는 유감스러운 일도 있습니다. 사랑하는 사람의 상실, 경력의 차질, 관계의 실패……, 이외의 다양한 안 좋았던 경험은 우리를 괴롭히고 진정으로 앞으로 나아갈 수 없게끔 만듭니다.

강을 건널 때는 배가 무척 중요하지만, 강을 건너고 나면 반드시 배를 버려야 합니다. 배에서 내린 후에도 계속 배를 끌고 다닐 수는 없는 노릇이죠. 그러다가는 아마 몇 발 가지 못해 지쳐 쓰러지지 않을까요? 같은 이치로 인생이라는 여정에서 고민과 걱정거리, 외로움, 상처, 눈물을 경험하는 일을 피할 수는 없습니다. 이런 일들 역시 우리를 더 성숙하고 단단하게 만들어주는 귀한 경험입니다. 강을 건너게 해준 배처럼 말이죠. 과거에 겪었던 여러 경험 덕분에 삶이 더욱 다채로워질 수 있습니다. 하지만 이런 것들은 전부 지나간 일일 뿐입니다. 계속 연연하며 헤어나지 못하고 심지어 현재나 미래의 삶에 지장을 준다면 이 귀중한 경험들은 감당하기 어려운 삶의 부담으로 전락하게 됩니다. 마치 강을 건넌 후에도 계속 배를 끌고 다니려는 것과 마찬가지입니다. 이러면 인생길이 점점 더 어려워질 뿐입니다.

과거의 경험은 심리적인 부담이 되어 우리의 감정과 의사 결정에 영향을 미칠 수 있습니다. 안타깝게도 우리는 고통스러웠거나 상처 입은 과거의 장면을 끊임없이 재생하며 자신이나 타인의 잘못을 되새기고, 그에 대한 해석과 해답을 찾으려 합니다. 이런 반복적인 사고는 불안과 고통을 가중해서 우리는 끝없는 악순환에 빠지게 할 뿐입니다. 이미 일어난 일을 없던 것으로 만들 거나 바꿀 수는 없죠. 간단히 말해서 과거의 경험을 내버리지 못하고 계속 곱씹으면 스스로 창조한 마음의 굴레에 갇혀 헤어나올 수가 없게 됩니다.

그렇다고 지나온 과거를 전부 말끔히 잊으라는 말로 이해하면 곤란합니다. 현재의 내 삶에 긍정적인 에너지를 주고 떠올리면 기쁘고 행복한 감정이 드는 일들은 원동력으로 삼아야죠. 수용소에 갇힌 전쟁 포로들이 깊은 밤 철창 밖을 바라볼 때, 누군가는 고개를 들어 밤하늘의 별을 보고, 다른 누군가는 고개를 떨구어 진창이 된 땅바닥만 본다고 했습니다. 누구나 지나온 삶을 되돌아보면 분명히 보석처럼 빛나는 순간들이 있습니다. 저는 어릴 적 친구들과 놀던 바닷가 고향마을이 가장 먼저 떠오릅니다. 원하는 대학에 합격하고, 아내를 만났던 일, 아이들이 태어나던 날, 제가 낚은 생선을 가족들과 함께 맛있게 요리해 먹었던 일……, 모두 행복한 미소가 절로 지어지는 소중한 순간들이죠. 과거의 아름다운 추억은 자신과 주변 사람들로 연결되며, 이러한 연결은 우리의 정체성과 가치를 형성하는 데 중요한 역할을 합니다. 과거에 겪었던 실수와 어려움 역시 교훈이 되어 우리가 성장하고 발전할 수 있도록 도와줍니다.

문제는 과거의 일, 특히 불행한 경험에 몰두하는 것입니다. 이러면 좋은 기분을 망칠 뿐 아니라, 심신의 건강까지 해칠 수 있습니다. 또 과거의 영광스러운 일에 너무 과도하게 몰두하면 현재 상황이 흡족하지 않아 끊임없이 불평하게 될 것입니다. 어느 쪽이든 너무 과도해서는 안 됩니다. 머릿속 기억과 생각을 털어내고, 마음을 비우고, 현재에 집중하세요.

만약 지금 분노, 좌절, 고통과 절망에서 벗어나기가 어렵다면 자신이 과거의 상처와 문제에 집착하고 있지는 않은지 살펴보기를 권합니다. 과거의 일을 더 많이 기억하고 생각할수록 그 일은 점점 더 무거운 짐이 되어 우리를 짓누를 것입니다. 과거는 과거가 되도록 놓아버리고 잊으세요. 내려놓아야만 인생의 진정한 행복을 경험할 수 있습니다.

과거는 영원히 과거형으로

혹시 지금 숨쉬기가 버거울 정도로 무거운 짐을 지고 있지는 않습니까? 자신을 더 편안하고 행복하며 자유롭게 만들고 싶다면 긴장을 풀고 과거라는 무거운 짐을 내려놓아야 합니다. 인생의 진정한 기쁨과 행복은 얼마나 많은 것을 가지고 있느냐가 아니라, 얼마나 많은 것을 내려놓느냐에 달려 있습니다. 과거라는 그 무거운 짐을 내려놓기만 하면 괴로웠던 마음이 자연스럽게 되돌아와 더 밝은 미래를 볼 수 있을 것입니다.

우리의 인생은 변화무쌍하고 예측할 수 없는 하늘과 같습니다. 방금까지 맑았던 하늘이 눈 깜짝할 사이에 구름이 잔뜩 끼더니 비가 억수같이 쏟아지는 일이 비일비재합니다. 하지만 이는 이미 일어난 일이고, 우리는 앞을 봐야죠. 생각을 많이 할 필요는 없습니다. 과거가 아무리 슬프고 답답해도 과거는 언제나 과거일 뿐이고, 고개를 들어 앞을 봐야 희망을 찾을 수 있기 때문입니다.

사람은 살면서 누구나 말하기 꺼려지고 심지어 떠올리기도 싫은 슬픈 과거가 있는데 이를 '오래된 상처'라고 합니다. 오래된 상처를 컴퓨터 프로그램처럼 클릭 두세 번에 삭제하거나 잘라낼 수 있다면 얼마나 좋을까요? 아쉽지만, 이런 일은 가능하지 않습니다. 오래된 상처는 당사자가 직접 꽤 긴 시간을 들여야만 '아물게 할 수' 있습니다. 어떻게 해야 이 오래된 상처를 해결할 수 있을까요? 다음은 그 구체적인 방법입니다.

◇ 방법1: 억지로 잊으려고 하지 않는다.

나빴던 경험을 잊으려면 시간이 필요합니다. 그러므로 이따금 떠오르는 기억을 억지로 내리누를 필요는 없습니다. 다만 생각과 동시에 스스로 자신에게 "전부 다 지난 일이지. 봐, 그에 비하면 지금 나는 얼마나 행복해!"라고 말해주세요. 긍정적으로 앞을 내다보면서 시간이 어느 정도 지나면 그 오래된 상처도 정말 가물가물한 '옛날 일'이 됩니다.

◇ 방법2: 재발할 틈을 주지 않는다.

오래된 상처가 자꾸만 고개를 쳐들면 스케줄을 꽉 채워 비는 시간 없게 합니다. 바쁘게 움직이면서 뭔가를 하면 생각을 분산할 수 있습니다. 주변을 살피며 가족과 친구를 챙기고 돌보는 것도 좋은 방법입니다. 그러면서 행복해지고, 아픈 기억은 숨을 곳이 없게 됩니다.

◇ 방법3: 적절한 카타르시스를 찾는다.

자기 내면의 진실한 목소리를 듣고, 신뢰하는 타인의 의견에 귀를 기울이면서 복잡한 마음을 표출하는 것도 방법입니다. 쇼핑, 음악 감상, 춤, 러닝, 독서 등 자신에게 적합한 휴식이나 감정 발산 방법을 찾아야 합니다.

낙관적이고 개방적인 태도는 자신과 주변 사람들 모두에게 긍정적인 감정과 성공을 가져옵니다. 심리학자들 역시 '낙관주의야말로 성공의 열쇠'라고 입을 모으죠. 무기력한 패자는 대개 자신만의 비관적인 '사물을 해석하는 방식'이 있습니다. 그들은 늘 과거 실패했던 경험을 토대로 '삶은 유감스럽기 짝이 없고, 노력은 전부 헛수고일 뿐'이라고 해석합니다. 그러다 보니 무의식중에 의욕을 잃고, 무엇도 성취해내려고 하지 않죠.

우리가 삶을 향해 미소지으면, 삶도 우리를 향해 미소지을 것입니다. 인생은 항해이고 폭풍우를 만나는 것은 당연한 일입니다. 그렇다면 어떻게 이 배를 몰고 파도를 헤치고 성공의 저편으로 가야 할까요? 용기와 평정심으로 직면해야 합니다.

미래라는 블랙홀

우리는 모두 미래에 대한 꿈이 있습니다. 이상적인 미래를 그리는 행위는 우리에게 희망과 동기를 부여하며, 삶을 더 나아지게 하는 원동력이 될 수 있습니다. 실제로 역사 속 위인 중에는 가슴 속에 품은 원대한 꿈과 장기적인 비전을 잊지 않고 쉼 없이 전진하여 성공한 사례도 적지 않습니다. 돌이켜보면 학창 시절에 주변 어른들과 선생님들은 늘 원대한 꿈이나 장기적인 비전의 중요성을 강조하셨습니다. 저역시 교직에 있으면서 학생들에게 같은 의도의 말을 꽤 많이 했습니다. 물론 잘못되었거나 틀린 말은 아닙니다. 그러나 때로는 그런 이상(理想)이 우리에게 압박감과 스트레스를 주기도 합니다. 이상은 우리에게 희망과 동기를 주고 목표 선정에 대한 가이드라인을 제공합니다. 그러나 지나치게 비현실적인 경우, 종종 현실과의 괴리감을 초래해 오히려 우리를 불안과 실망에 사로잡히게 할 수 있습니다.

저명한 심리학자인 하버드대 교수 다니엘 길버트(Daniel Gilbert)는 "사람은 미래를 동경할 때, 그 아름다운 미래를 이미 경험한 것처럼 느낀다. 하지만 실제로는 상상의 블랙홀에 불과하고 아무것도 없는 무(無)의 상태일 뿐이다"라고 했습니다. 그의 말처럼 이상은 '제로 상태'일 뿐입니다. 이상만으로는 아무것도 이루어지지 않으며, 꿈만 꾸며 행동하지 않고는 누구도 성공할 수 없습니다.

과도한 이상은 오히려 더 이성적이고 믿을 만한 자신의 예측을 스스로 무시하게 만들 수 있습니다. 성취의 기쁨과 행복 역시 실천의 경험에서 나오는 법이죠. 길버트 교수는 "사람들이 미래에 할 경험에서 얼마나 큰 즐거움을 얻을지 추정하려고 할 때, 이미 잘못되었다"라고 말했습니다. 인생은 경험해야만 그 진정한 맛을 느낄 수 있고, 삶을 착실하게 바라볼 수 있어야 비로소 자신의 삶을 살 수 있다는 의미겠지요.

미래를 아무런 희망도 기대도 없이 대하라는 이야기로 오해하지 않기를 바랍니다. 우리가 미래를 알 수는 없지만, 그렇다고 외면해서는 안 되겠죠. 너무 과하지 않은 올바른 이상만 세운다면 문제가 없습니다. 좀 더 구체적으로 말해서 이상은 '내가 현재 가지고 있는 것은 무엇이며, 내 삶의 어디에서부터 긍정적인 변화를 시작할 수 있을까?'라는 질문에서부터 출발하는 것이 좋습니다. 목표는 늘 실용적이며 실현 가능한 것이어야 하고, 행동은 반드시 현실적이어야 합니다. 그러므로 꿈이 아무리 높고 크다 하더라도, 손이 닿는 곳에 있는 작은 일부터 시작하세요. 큰 꿈을 꾸되 그것만 바라보지 말고, 거기까지 가는 길에 놓인 작은 목표들을 매일 차근차근 달성해야 합니다. 그러면 한 걸음, 한 걸음 나아갈 때마다 기쁨과 열정, 자신감이 커집니다. 그 과정에서 두려움은 사라지고 어느새 편안해져 긍정적인 사고에서 긍정적인 깨달음으로 발전할 것입니다. 우리를 막을 것은 아무것도 없습니다.

과거의 짐과 마찬가지로 미래에 대한 불안 역시 현재의 행복을 방해하는 요소가 됩니다. 우리는 본능적으로 알 수 없는 것에 대한 두려움, 실패와 상실에 대한 걱정에 휩싸이곤 합니다. 문제는 이러한 두려움과 걱정이 계속해서 우리 내면의 평화를 침식한다는 사실입니다. 미래에 대한 두려움, 걱정, 불안과 초조는 보통 우리가 미래에 너무 집중한 나머지, 오히려 현재의 삶을 소홀히 한 탓에 발생합니다. 이런 부정적인 감정은 우리의 창의성과 긍정적인 행동을 방해하여 삶의 즐거움을 잃게 만들 수 있습니다.

현명한 접근 방식은 이상적인 미래와 현실적인 가능성 사이의 간극을 이해하고 미래를 비판적으로 평가하는 것입니다. 미래를 비판적으로 평가한다는 것은 우리의 꿈과 목표를 현실적인 렌즈를 통해 조망하고, 그것들을 현실에 맞게 조정하려는 노력을 말합니다. 이것은 우리가 품은 꿈을 실현하기 위한 첫 번째 단계로 볼 수 있으나, 다소 어렵고 복잡한 과정일 수 있습니다. 좀 더 구체적으로 이야기해 보겠습니다.

가장 먼저 해야 할 일은 미래의 가능성을 조망하는 것입니다. 이상과 꿈을 현실에 대조시켜서 그것들을 어떻게 실현할 수 있을지 생각해보는 거죠. 이어서 미래의 계획이나 목표를 세울 때, 그것이 어떻게 우리의 삶에 영향을 미칠지를 고려해야 합니다. 이 과정을 통해 계획을 수정하거나 조정하며 미래의 불확실성에 적응하는 기술을 습득하게 됩니다. 다음은 자신이 무엇을 원하는지, 어떤 희망을 품고 있는지 명확하게 이해해서 좀 더 현실적인 목표와 계획을 설정하는 것입니다. 이 단계는 미래를 향한 더 나은 결정을 내릴 수 있도록 도와줍니다. 마지막으로 꿈을 추구하면서도 현실과 조화롭게 어울리는 방법을 찾습니다.

미래에 대한 비판적 평가는 우리가 현실과 꿈 사이의 괴리를 식별하고 극복하는 데 필수적인 요소입니다. 이를 통해 우리는 현실적인 목표를 설정하고, 미래에 대한 이상을 더 현실적으로 조절할 수 있게 되며, 결국 보다 풍요로운 삶을 살아갈 수 있습니다.

현실적인 미래를 향하여

요즘처럼 성공 지향적인 시대에 미래에 대해 환상을 품지 않기란 여간 어려운 일이 아닙니다. 지금은 남녀노소 모두 가깝거나 먼 미래에 대한 호기심이 넘치고, 저마다 아름다운 미래를 설계하죠. 학교에서 학생들과 이야기를 나눠봐도 정말 많이 바뀌었음을 느낍니다. 요즘 아이들은 예전보다 훨씬 자기 미래에 관심이 많고 신중하며, 하고 싶은 일도 상당히 구체적입니다. 특정 산업에서 엘리트가 되기를 희망하거나 구체적인 아이템으로 사업을 구상하는 등 확실히 예전보다 나름 치밀한 미래 계획을 세우는 아이들이 많아졌습니다.

미래에 대한 이상을 추구하는 것은 긍정적인 일이지만, 끝없이 높은 기대와 이상을 추구하는 것은 지칠 수 있는 일입니다. **언제까지 이상을 추구하고, 언제 현실과 타협해야 하는지를 판단하는 것은 상당히 중요한 문제입니다.** 현실적인 목표를 설정하고, 꿈과 현실 간의 균형을 찾는 것이 필요합니다. 이상적인 미래를 상상하면서도, 그것을 달성하기 위한 현실적인 계획을 수립하고 실행해야죠. 이러한 조화로움은 미래에 대한 과도한 이상을 극복하고 미래를 더 나은 방향으로 향하게 하는 데 도움을 줄 것입니다.

우선 목표는 구체적이고 측정 가능해야 합니다. 예컨대 '건강한 삶을 살고 싶다'라는 목표보다는 '주 3회 운동하고, 건강한 식사를 한다'라는 목표가 더 구체적입니다. 목표를 세부적으로 명시함으로써 우리는 목표를 더 효과적으로 추적, 달성할 수 있습니다. 또 목표는 자신의 능력과 환경을 고려해 현실적으로 설정하며, 조정 가능해야 합니다. 목표는 고정적이지 않으며 새로운 정보나 조건, 상황에 따라서 수정될 수 있어야 합니다. 유연한 목표와 계획은 이상과 현실 간의 괴리를 줄이는 데 도움이 될 수 있습니다.

미래에 대한 이상을 추구하면서도 현재의 순간을 소중히 여기는 것이 중요합니다. 현재를 소중히 여김으로써 우리는 미래에 대한 꿈과 현실 간의 균형을 찾을 수 있습니다. 이를 위해 저는 두 가지 전략을 추천합니다.

첫째, 마음을 평화롭게 하고 현재의 순간에 집중하는 명상 및 마음 훈련 기술을 배웁니다. 이러한 기술은 우리가 현재를 더 의식적으로 경험하고, 미래에 대한 과도한 이상을 감소하는 데 도움이 됩니다.

둘째, 현재의 순간을 즐기고 더 풍요로운 삶을 살기 위해 취미나 관심사를 가질 수 있습니다. 취미나 관심사는 우리의 현실을 더욱 풍요롭게 만들고, 미래에 대한 이상을 추구하는 동안 즐거움을 느끼게 해줍니다.

당연한 말이지만, 우리는 미래를 온전히 좌지우지할 수 없습니다.

다만 우리의 선택과 노력으로 미래를 대비할 수 있으며, 이것은 우리가 꿈을 현실로 바꾸는 첫걸음입니다. 미래의 불확실성을 예측하거나 완전히 피할 수는 없지만, 두려워하지 말고 대비해야죠. 미래를 대비하는 것은 계획을 세우고 목표를 설정하는 것으로부터 시작합니다. 어떤 방향으로 나아갈지 결정하고, 그 방향으로 나아가기 위해 학습과 자기계발을 게을리하지 않으며, 새로운 기술과 지식을 습득해야 합니다. 그래야만 미래에 우리의 안정과 안위를 증진할 수 있습니다.

이제 페이지를 넘기세요

사람은 과거에 살 수 없습니다. 과거는 이미 바꿀 수 없는 역사가 되었기 때문이죠. 또한 사람은 미래에 살 수도 없습니다. 미래는 알 수 없고, 예측할 수도 없기 때문이죠. 사람이 제대로 알 수 있는 것은 현재, 바로 오늘뿐입니다. 하지만 많은 사람이 과거에 저지른 실수나 실패를 버리지 못하고 자책하거나, 한없이 밝은 미래를 동경하면서 환상의 미래에 모든 희망을 걸고 삽니다. 사실 이 두 가지는 모두 잘못된 접근 방식입니다. 올바른 접근 방식은 오늘을 단단히 붙들고, 현재를 사는 것입니다.

따라서 이제는 과거와 미래, 이 두 시점을 균형 있게 다루는 것이 중요합니다. 두 시점을 연결하고 균형을 맞추면 우리는 현재의 순간을 더욱 유의미하게 살 수 있습니다. 너무 많이 과거에 갇혀 살면 미래에 대비하며 성장하는 기회를 놓칠 수 있습니다. 반면에 미래만을 대비하고 추구하다 보면 과거의 가치와 현재의 순간을 놓치게 될 것입니다. 따라서 과거의 행복한 추억을 소중히 여기는 동시에 미래를 대비하는 노력을 조화롭게 이루어내야 합니다. 과거는 우리의 정체성과 가치를 형성하는 중요한 부분이며, 미래는 우리의 성장과 발전을 위한 기회를 제공하니까요.

우리 인생은 과거, 현재, 그리고 미래의 연속된 여정입니다. 앞에서 이야기했듯이 과거에 얽매일 필요도 미래를 불안해할 필요도 없다면, 우리는 이 두 시점을 어떻게 바라보아야 할까요? 어떻게 해야 우리가 끊임없이 변화하고 성장하는 데 유용하게 활용할 수 있을까요? 간단합니다. 과거와 현재는 우리의 삶에서 중요한 가이드가 되어야 합니다. 과거는 우리에게 경험과 교훈, 추억을 제공하고, 미래는 우리에게 희망, 목표, 그리고 계획을 제시하도록 해야 합니다.

'페이지 넘기기'는 과거의 짐을 벗어 던지고 미래에 대한 불안에 저항하는 데 도움을 주는 중요한 심리적 능력입니다. 현재에 더 집중하기 위해 반드시 배워 익혀야 하는 스킬이죠. 페이지를 넘긴다는 것은 과거의 사실을 있는 그대로 받아들이고, 더는 과거에 얽매여 고민하지 않음을 의미합니다. 동시에 미래의 불확실성이 아닌, 현재의 실재성에 더 집중한다는 뜻이기도 합니다.

'페이지 넘기기'는 다음의 네 단계를 거칩니다.

◇ 단계1: 과거 받아들이기

과거의 고통을 직시하고, 과거는 절대 바꿀 수 없다는 사실을 받아들여야 합니다. 원망과 의심을 내려놓고 과거를 사실 그대로 받아들이는 것이 해방을 향한 첫걸음이 될 것입니다.

◇ 단계2: 지원 요청

친구, 가족, 심리학자, 정신 건강 전문가 등과 대화하면서 자신이 느끼는 감정과 어려움을 공유합니다. 그들의 지원과 이해, 공감이 우리가 곤경에서 벗어날 수 있도록 도울 것입니다.

◇ 단계3: 현재에 집중하기

현재의 삶을 더 소중히 여기는 법을 배워야 합니다. 휴식이나 명상, 집중 등의 기술을 연마해서 불안감을 줄이고, 차분하게 자신과 현재를 바라보는 것만으로도 정신 건강의 수준 개선에 도움이 될 수 있습니다.

◇ 단계4: 목표 설정

미래를 더 효율적으로 통제할 수 있도록 명확한 목표와 계획을 수립합니다. 자신을 위한 실행 가능한 목표를 설정하는 것은 긍정적인 동기와 자신감을 유지하는 데 큰 도움이 될 것입니다.

과거는 바꿀 수 없고 미래는 불확실하지만, 대신 우리는 현재에서 평온과 만족을 찾을 수 있습니다. 위에 소개한 단계에 따라 '과거를 받아들이고, 지원을 요청하고, 현재에 집중하면서, 목표를 설정함으로써' 우리를 붙잡고 있던 페이지를 한 장 넘겨야 합니다. 그래야만 더 평화롭고 의미 있는 삶을 실현할 수 있기 때문입니다. 기억하세요. 과거에 어떤 고통을 겪었든 자신을 괴롭히는 족쇄가 되지 않도록 하고, 알 수 없는 내일을 씩씩하고 긍정적인 마음가짐으로 맞이해야 합니다.

과거에서의 행복 추구, 미래를 대비하는 노력

삶이란 본디 늘 원만하지 않습니다. 어쩌면 우리가 생각하는 것보다 훨씬 더 복잡하고 어려운 것일지도 모릅니다. 그래서 삶을 미소 짓는 순간과 끝없는 도전 사이에서 교차하는 여정이라고도 하죠. 이 여정의 모든 단계에 기복과 도전을 동반하며, 우리는 어느 순간 좌절과 불안에 시달리다가 또 다른 순간에는 성취와 기쁨을 맛보기도 합니다.

물론 가장 중요한 것은 현재의 순간입니다. 과거의 경험으로 행복을 추구하고, 미래를 대비하는 것은 모두 현재의 순간을 더욱 의미 있게 만들기 위해서라는 사실을 잊어서는 안 됩니다. 현재의 순간을 살아가면서 과거와 미래, 이 두 시점을 조화롭게 다루어 더 풍요로운 삶을 살아가야 합니다.

하룻밤 사이에 성공한 것처럼 보이는 사람도 알고 보면 그렇지 않습니다. 그들은 꿈을 이루기 위해 수많은 노력을 쏟아부었고, 탄탄한 기반을 다졌습니다. 반대로 뭔가를 이루겠다는 야망과 다짐만 할 뿐, 결국 아무것도 하지 않고 평생 빈손으로 지내는 사람도 있습니다. 양자 사이의 차이는 행동입니다. 주변의 작은 것부터 시작해 실천에 집중하다 보면 예상치 못한 기회가 찾아올 것입니다. 발전과 성공은 조금씩 계속되는 끝없는 노력에서 비롯되는 법입니다. 그러므로 우리가 기억해야 할 것은 이상을 실현하기 위해서는 단계별로 축적이 필요하다는 점입니다.

지식, 능력, 경험의 축적은 집을 짓는 것과 같습니다. 집을 지으려면 벽돌에서 벽으로, 벽에서 들보까지 단계별로 하나씩 쌓아 올려 완성하는 과정을 거쳐야죠. 어떠한 지식과 능력, 경험도 하루아침에 얻을 수 없고, 할 수도 없습니다. 결심으로 되는 일도 아니며, 장기적인 과정입니다. 물 한 방울이 큰 바위에 구멍을 뚫을 수 있는 것처럼 매일 조금씩 발전하는 것은 그리 큰 목표가 아니며 달성하기 어렵지도 않습니다. 어제의 나를 뛰어넘어야 더 발전하고 더 큰 성취감을 느낄 수 있습니다. 그래야만 삶의 매일이 새로운 것으로 가득 차게 됩니다.

아인슈타인은 "인간의 가치는 인간의 재능에 담겨 있다. 천재성과 근면함 사이에서 나는 주저 없이 근면함을 선택했고, 그것은 세상 거의 모든 성공의 산파다"라고 말했습니다. 그의 말처럼 꿈의 실현은 하루하루의 생활과 일, 학습에 근면과 노력을 투입하는 과정입니다. 지름길은 없으며, 현실 속에서 한발 한발 나아가야 할 뿐입니다.

우리는 실존적 위기를 극복하고 더 나은 삶을 살고자 하는 사람이라면 누구나 자신의 삶을 현재로 되돌려 놓아야 합니다. 작가이자 심리학자인 토니 로빈스(Tony Robbins)가 강연에서마다 강조하는 말처럼 말이죠.

"오늘은 우리가 살고있는 날이자, 역사상 우리가 살아남는 유일한 날이기도 합니다. 오늘만이 우리의 시대입니다.

나는 여러분에게 삶의 비극적인 면도 말하지 않고, 아름다운 면을

말하지도 않겠습니다.

생존의 위기를 극복하기 위한 지나친 낙관론도 심어주지 못합니다.

누구나 삶의 변화와 좌절을 피할 수는 없습니다."

사소한 성공, 즐거운 실패

지금은 참으로 많은 사람이 어려움을 겪는 시대인 것 같습니다. 사회 전체는 분명히 물질적으로 풍요로운데 개인은 그 안에서 상대적 박탈감과 허무감을 느끼죠. 이런 감정들이 쌓이고 쌓여 점차 사회적 문제 행위로까지 확대되었으니 큰일입니다. 점점 더 심해지는 학교 폭력, 은둔형 외톨이, 약자에 대한 혐오와 괴롭힘, 게다가 무차별 흉기 난동까지 상상도 못 했던 일들이 하루가 멀다고 일어납니다. 뉴스 보기가 무서울 지경이죠. 우리 사회가 왜 이 지경까지 되었을까요? 교육자이자 부모로서 깊은 책임감을 느낍니다. 여기에서는 지금 내면의 고통으로 병들어가는 개인과 사회에 대한 부족한 사견과 함께 구체적인 요법을 소개하고자 합니다.

제가 처음 교사가 되었을 때는 아이들에게 자신감을 갖으라는 이야기를 많이 했습니다. 자신감이 있는 아이가 어디서든 주눅 들지 않고 진취적으로 자란다고 했죠. 하지만 어느 순간 이 자신감의 정도가 과해지더니 '자기 과신 편향'으로 변질하는 경우가 적지 않았습니다. 자기 과신 편향이란 쉽게 말해 근거도 없는 '우월감'입니다. 그 바람에 '나는 남들과 다르고, 나는 남들보다 훨씬 잘하겠지'라고 생각하는 사람들이 사회에 진출하면서 현실에 부딪히고 좌절하지만, 그걸 이겨낼 힘은 없어 괴로워하게 되었습니다. 스스로 자신을 제대로 알지 못하고,

오직 상대방의 평가를 통해 만족감을 얻어온 탓이죠. 그래서 이번에는 '나 자신을 사랑하라'라는 구호가 등장했습니다. 하지만 이 역시 '자기 이해'가 아닌 '과도한 자기애'로 받아들여져 지금 사회 곳곳에 나르시시스트가 넘쳐납니다. 이어서 등장한 것이 바로 '자존감'입니다. 물론 여전히 자존감과 자기애, 자존심을 구분조차 못 하는 일부 사람도 있지만, 여하튼 자존감이란 상황과 관계없이 자신에 대한 존중이 확고한 것을 일컫는 말입니다.

자존감이라는 말은 이미 워낙 많은 사람이 매체 등을 통해 이야기한 덕에 마치 유행어처럼 쓰이는 측면이 있습니다. 자존감은 세 개의 축, 바로 '자기효능감, 자기조절감, 자기안정감'으로 이루어집니다. 저는 그중에서도 자기효능감에 관해 이야기하고자 합니다.

우선 자기효능감이란 어떤 문제나 일을 자신의 능력으로 성공적으로 수행, 해결할 수 있다고 믿는 신념이나 자신에 대한 기대감을 의미합니다. 자신감과 비슷하지만, 여기에 자기통제 능력을 더한 개념으로 개인적인 능력에 대한 믿음과 더 깊은 관련이 있습니다. 자기효능감이 높은 사람은 세상을 더 낙관적으로 보며, 기꺼이 도전에 직면하고, 최선을 다해 성과를 내는 경향이 있습니다. 자기효능감은 자신을 믿고 살아가는 의지로 연결되므로 그야말로 삶의 동력이자 엔진이라고 할 수 있습니다. 앞에서도 언급했듯이 삶은 순탄치 않으며 늘 우여곡절과 기복이 존재합니다. 살아가면서 부딪히고 해결해야 하는 수많은 역경과 난관을 자기 힘으로 지혜롭게 해결해 나가려면 이 자기효능감이 필수요 건이라고 할 수 있습니다.

최근 들어 부쩍 늘어난 혐오 범죄에 대한 전문가들의 공통적인 분석에 따르면, 이런 범죄자들은 어린 시절부터 늘 수동적으로 움직여서 실제로 본인이 할 수 있는 일은 아무것도 없다고 생각하는 사람들이 대부분입니다. 설사 뭔가를 한다고 해도 실패하면 모든 것을 남 탓, 상황 탓으로 돌리죠. 책임감, 문제 분석력과 해결력이 모두 바닥입니다. 늘 이제 어떻게 해요? 그다음에는 뭐해요? 라고 물으며 살았는데 성인이 되어서 는 혼자 알아서 해야 하니 버겁기만 하고 내면에 울분만 쌓이는 거죠.

교육자로서 저는 우리 아이들, 젊은이들이 모두 '사소한 성공, 즐거운 실패'를 최대한 많이 경험하기 바랍니다. 일상에서 거두는 사소한 성공 으로 자신감을 키우고, 무너지면 다시 쌓는 즐거운 실패를 경험함으로써 실패에 대한 두려움을 떨쳐버리는 것입니다. 결과가 목표가 되어서는 안 되며 자신에게 실망하기보다는 스스로 격려하고 기운을 북돋아 주는 것이 중요합니다.

1977년에 자기효능감을 처음 제시한 미국 심리학자 앨버트 반두라 (Albert Bandura)는 심리상태가 자기효능감에 영향을 미치는 중요한 요소 중 하나라는 사실을 발견했습니다. 그에 따르면 성공의 기쁨과 실패의 슬픔은 개인의 자기효능감에 변화를 일으키는데, 어느 쪽이든 지나치게 강한 감정은 자기효능감의 효과를 약화합니다. 반면에 평화롭고 적당한 중간 강도의 감정은 자기효능감의 형성에 도움이 됩니다. 동시에 신체 컨디션이 좋으면 자기효능감이 상대적으로 높아지고, 컨디션이 나쁘면 아무리 많은 정보와 자원, 좋은 환경에 둘러싸여 있어도 자신감이 부족해진다고 합니다. 세계 경제를 쥐락펴락하는 재계의 거물들이 달리기를 좋아하는 이유가 바로 이것입니다. 의도적으로 몸을 단련함으로써 내면을 더 단단하고 옹골차게 만드는 거죠. 그러니 자신감이 떨어졌다고 느낀다면 먼저 휴식을 취하고, 신체 컨디션을 조절하고, 감정까지 차분하게 만드는 것이 좋습니다.

자기효능감은 일종의 마음가짐으로 우리의 인식과 행동에 영향을 미치고, 우리가 그것을 할 수 있는지 없는지를 결정합니다. 이 시대에 뭔가를 제대로 해내려면 어느 한 가지 능력에만 의존하는 것이 아니라, '지식+자기효능감+행동=실행'의 공식을 따라야 합니다. 자기효능감이 부족하다고 느낀다면 이전에 자신이 해낸 일을 떠올리거나, 다른 사람의 성공 경험을 거울삼아 마음의 평안을 찾아보세요. 자기효능감을 부활시키고, 행동의 동기를 자극하며, 그 행동이 자신을 변화하게 합시다.

삶을 깊이 파고들수록
지금의 삶이 전부가 아님을 더욱 확신하게 된다.

삶은 미완성 교향곡이다.

살아가는 동안 힘껏 살자,
한순간도 헛되이 보내지 않도록.

— 프랜시스 베이컨(Francis Bacon)

제5장

완벽한 인생은 존재하지 않는다

많은 이가 완벽한 삶을 추구하며 그 안에서 행복을 찾으려고 하지만, 현실에서 완벽함이란 존재하지 않습니다. 완벽함을 향한 갈망은 늘 우리를 자아 부정과 실망의 함정에 빠뜨립니다. 완벽한 삶은 현실에서 찾을 수 없는 꿈이지만, 우리의 불완전함은 우리만의 독특한 아름다움을 만들어냅니다. 삶이 완벽하지 않다는 것은 계속해서 발전하고 배우는 여정에서 더 큰 의미를 찾을 수 있음을 의미합니다.

이 장에서는 완벽함에 대한 강박에서 벗어나 자유롭게 살아가는 방법을 탐험합니다. 완벽한 삶을 쫓아가는 대신, 우리 자신을 허물과 함께 받아들임으로써 현실의 다양성과 아름다움을 즐기면서 진정한 행복과 만족을 발견하고, 진정한 자유로움을 경험할 수 있습니다.

세상에 없는 것을 추구할 수는 없습니다

주변을 둘러보면 매사에 조심스럽고, 항상 자신이 일을 완벽하게 하지 못했다고 생각하며, 자신에게 너무 엄격한 사람들이 많습니다. 이들은 늘 너무 진지하고, 완고하며, 생각이 많고, 자신에게 엄격한 탓에 힘이 듭니다. 심한 경우, 자신에 대한 기준이 높아서 성과를 내고도 뭔가 완벽하지 않다고 생각하면 마음이 불편해서 잘 먹지도, 푹 자지도 못합니다. 이들이 자신에게 완벽을 요구하는 이유는 대부분 '자신에 대한 지나친 기대'와 관련이 있습니다. 이들은 주변 사람들의 평가를 매우 의식하기 때문에, 잘못하면 비웃음을 당하거나 체면을 구길까 봐 두려워합니다. 그래서 뭔가를 할 때는 항상 끊임없이 '더 좋은 방법이 있지 않을까?'라며 어떻게든 가장 완벽한 방법을 찾으려고 노력합니다.

완벽함을 추구하는 것은 분명히 긍정적인 삶의 자세입니다. 하지만 지나치게 추구하면 득보다 실이 더 많을 수 있고, 아무리 애를 써봤자 더 이상 완벽하지 않게 됩니다. 물론 여기에는 발전하고자 하는 마음이 반영되어 있습니다. 만약 사람들이 현 상태에 만족하면서 더 잘 되려는 생각이 없다면, 삶이 더 나아질 리 없겠죠. 하지만 완벽함에 대한 추구가 습관이 되면 오히려 일의 효율성이 떨어진다는 것을 알아야 합니다.

세상에 완벽함이란 존재하지 않습니다. 우리는 누구나 어떤 면에서든 불완전하고, 실수와 결점을 품고 살아갑니다. 완벽함은 일시적으로 그렇게 보일 수 있지만, 영원히 유지되지 않습니다. 완벽함은 이상 속에서만 존재할 뿐, 삶의 곳곳에 아쉬움과 후회가 있습니다. 이것이 진정한 삶이죠. 사실 완벽함을 추구하는 사람은 다소 맹목적인 면이 있습니다. 대체 '완벽함'이란 무엇입니까? '완전함'일까요? 그렇다면 이 '완전하다'라는 말은 어디에서 온 것이며, 가능하기는 한가요? 애초에 이 세상에는 완벽함이 없습니다. 그런데도 굳이 그것을 추구하면서 완벽하지 않음을 원망하면서 끙끙대며 속앓이를 하고 괴로울 필요가 있을까요?

단 한 번의 실수나 잘못으로 자격을 박탈당하거나 패배자가 되는 일은 없습니다. 인생은 축구 경기와 같다고 하죠. 최고의 팀도 뒤처지는 순간이 있고, 최악의 팀도 빛나는 순간이 있는 법입니다. 그렇다면 우리가 목표해야 할 것은 완벽함이 아니라, '잃는 것보다 더 많이 얻는 것'이어야 합니다. 너무 힘들어할 필요는 없습니다. 모든 것이 자연스럽게 진행되도록 두어야지, 완벽하지 않은 것을 억지로 완벽하게 만들겠다고 삶과 대결하지 마세요. 자신이 통제할 수 없는 상황을 받아들이고, 직접 경험한 일을 있는 그대로 받아들이며, 문제에 과도하게 몰두하지 않는 법을 배워야 합니다.

우리는 완벽함을 거부함으로써 비로소 완전해질 수 있습니다. 불완전함이란 이 세상에서 우리가 누릴 수 있는 독특한 아름다움이자 성장의

기회입니다. 어려움과 실패, 그리고 자신을 받아들이는 과정을 통해 우리는 더 강하고 지혜로워질 수 있습니다. 세상에 있지도 않은 완벽함을 추구하기보다는 불완전함을 인정하고 허물어지는 모습에서 우리의 진실한 모습을 발견할 수 있습니다. 이러한 깨달음을 통해 우리는 서로에게 더 인간적이고 따뜻한 이해를 나눌 수 있으며, 공감과 연대로 더 풍요로운 삶을 살아갈 수 있습니다. 완벽함은 어딘가 먼 곳에 있는 이상적인 상태가 아니라, 우리가 현재의 순간을 최대한 살아가며 찾아낼 수 있는 무한한 가능성이 숨겨진 곳에 있습니다.

우리는 모두 부족하고 아름답습니다

살면서 '완벽한 사람은 없다'라는 말을 많이 합니다. 이 말은 모든 이에게 단점과 결핍이 있다는 의미이나, 그렇다고 해서 우리가 아무것도 아니라는 뜻은 아닙니다. 따라서 다른 사람이 나보다 낫다고 해서 자신을 얕볼 필요는 없습니다. 오직 우리 자신으로서 살아가기만 하면 되는 거죠. 심리학자들 역시 사람이 자신을 부끄러워하면 아름다워질 수 없고, 자신의 능력을 믿지 않으면 결코 성공할 수 없다고 말합니다. 철학자들 역시 우리가 들은 것이 반드시 정확하다고 할 수 없으니, 다른 사람의 말에 근거해 스스로 자신을 함부로 비하하고 비판하는 것을 경계하라고 합니다. 그렇지 않으면 낮은 자존감이라는 '마음의 감옥'에 빠지게 될 테니까요. 실제로 자신의 단점과 다른 사람의 장점을 비교하거나 믿을 필요 없는 말을 굳이 듣고 곱씹으며 괴로워하는 사람들이 많습니다. 이런 사람들은 진정한 자신을 볼 수 없게 되고, 스스로 잠재력을 억누르면서 열등감을 키우죠.

이와 관련해서 교육 현장에서는 한때 EQ, 즉 '감성지능'에 관한 이슈가 붐을 일으켰습니다. 실제로 감성지능이 높은 사람은 항상 자신감이 넘치고, 자신을 정확하고 객관적으로 평가해서 대인 관계에서도 대범한 자세를 보일 수 있다고 합니다. 덧붙이자면 요즘에는 사회지능(SQ)이니 통찰지능(InQ)이니 하는 이야기가 많습니다. 어떤 것이든

'나'라는 심지를 곧게 세워 다른 사람에게 공감하고, '나'를 중심으로 세상을 바라보는 시각을 강조합니다.

우리는 모두 부족하고 아름답습니다. 모든 이는 부족함을 안고 살아가지만, 이 부족함이 우리를 완벽하게 만들어내는 아름다움도 있죠. 삶은 완벽한 것이 아니라, 오히려 그 부족한 곳에서 더 깊은 의미를 찾아냅니다. 결점과 한계가 우리를 더 특별하게 만들고, 서로 다른 색깔의 퍼즐 조각처럼 모여 완벽한 풍경을 이룹니다. 누구나 어떤 면에서든 불완전하고 부족한 존재지만, 이런 불완전함이 우리를 서로 이해하게 하며 공감과 연대의 공간을 형성합니다.

더 완벽한 나를 추구하는 마음을 내려놓으세요. 많은 사람이 자신의 장점은 받아들이면서 단점은 용납하지 못하는 오류를 범합니다. 심지어 상대방에게까지 완벽함을 요구하기도 합니다. 기억하세요. 우리는 실패와 실수를 통해 성장하고, 부족함을 극복하며 더 나은 버전의 자신이 되어가는 여정을 걷고 있습니다. 부족함은 창조성의 원동력이 되어 새로운 가능성을 열어줍니다. 이는 우리를 더 유연하게 만들고 새로운 경험에 대한 열린 마음을 갖출 수 있게 합니다.

불완전함이라는 현실 속에서 우리는 서로에게 조금 더 인정과 이해를 주고받습니다. 눈에 띄지 않는 부분에서부터 감지되는 부족함은 우리를 겸손하게 만들어주고, 그 속에서 발견되는 미소와 용기는 우리를 더욱 강하게 만듭니다. 부족함을 이해하고 공감하는 눈으로 서로를 바라보면, 우리는 더 나은 세상을 창조하는 데 일조할 수도 있습니다. 우리는 모두 부족함 속에서 완벽한 아름다움을 찾아가는 끊임없는 여정에 참여하고 있는 것입니다.

우리는 부족함을 통해 서로에게 더 가까워지며, 더 나은 인간관계를 형성합니다. 부족함 속에서도 사랑하며, 희망을 간직하고 세상과 소통하죠. 다양한 경험과 상황에서 오는 부족함은 우리를 더 열려 있는 존재로 만들어, 세상과 함께 성장하고 변화할 수 있게 합니다. 서로의 부족한 점을 이해하고 받아들이면서 우리는 더 강하게 뭉쳐지며 더 나은 공동체를 만듭니다. **부족함이 없다면 우리는 덜 풍요로운 삶을 살게 될 것입니다. 요컨대 부족함이란 우리를 보다 풍요롭게, 더욱 아름답게 만들어주는 보석 같은 존재입니다.**

완벽주의는 에고가 만든 허상일 뿐

생활과 일에서 완벽하게 하려는 마음이 뭐가 나쁘냐고 할 수도 있겠지만. 사실 완벽주의라는 습관은 다양한 방식으로 우리 삶에 스며들어 미처 모르는 상태로 경직되게 만들 수 있습니다. 잘못된 말을 할까 봐 두려워하거나, 누구에게나 좋은 사람이고자 차마 거절하지 못하거나, 삶의 어느 한 부분도 부족함이 없기를 간절히 바랍니다. 이런 까다로운 생활 방식은 우리 자신을 옥죄고 외부의 비판과 비난으로부터 자신을 보호하려는 강한 욕구로 왜곡됩니다.

완벽을 위해 노력하느라 부담이 크지만, 자신의 완벽주의를 의심하는 경우는 많지 않습니다. 주변 사람들 모두가 나의 노력과 성공에 박수를 보내고, 완벽하려고 애쓴 덕에 특별히 문제에 휘말리거나 비난을 받는 상황에 놓인 적도 거의 없으니까요. 그렇다면 완벽함을 추구하는 것은 무엇이 문제일까요? 사실 완벽주의가 우리의 통제 범위 안에 있고 삶을 망치지 않는 한, 큰 문제는 없습니다. 정상 범위의 완벽주의는 성공적이고 효과적인 삶을 사는 능력을 강화할 수도 있습니다. 하지만 완벽주의가 자신에게 강박적으로 작용하게 만들고 자존감과 자신감이 약화할 때, 완벽주의는 곧 고통의 전제 조건이 되고 맙니다.

자신에게 엄격한 기준을 부과하여 이상화된 자아상에 도달하려고 애쓰는 사람은 상처가 많은 사람입니다. 이런 사람들은 자신을 숨기고 강박적으로 순응함으로써 완벽을 좇지만, 이는 장기적인 조건의 반사로 형성된 습관에 불과합니다. 간단히 말해서 완벽을 추구하는 마음은 그저 지금까지 경험하면서 이것이 '나'라고 동일시한 결과, 즉 '에고'가 만들어낸 반사적 사고일 뿐입니다. 스스로 만들어낸 허상인 에고는 이렇게 우리의 삶을 힘들게 합니다.

에고가 추구하는 완벽주의는 사람을 완벽하게 만드는 것이 아니라, 불안감을 만들어내는 것입니다. 헬렌 켈러는 "대부분 경우, 안정감은 미신으로 현실에 존재하지 않는다"라고 말했습니다. 그녀의 말처럼 우리의 에고는 완벽주의를 통해 안정감을 추구하지만, 에고가 보는 세상에서 안정감이란 미신처럼 존재하지 않는 것이므로 결코 얻을 수 없습니다. 설령 안정하다고 느끼더라도 영원히 그것을 가질 수는 없을 것입니다. 저는 어릴 적부터 도통 이해할 수 없는 안정감을 갈망했지만 다행스럽게도 더 이상 이 미신을 좇지 않습니다. 에고의 장난질을 벗어나 더는 제가 완벽해야 할 필요도, 삶을 통제할 필요도 없다는 것을 이해한 덕분입니다. 이제껏 갈망해 온 안정감은 통제가 아니라 나 자신에 대한 믿음에서 온다는 것을 깨달은 덕분입니다.

완벽을 좇던 날들이 지나가고, 제가 삶을 대하는 방식은 어떻게 바뀌었을까요? 물론 아직 많은 수양이 필요하지만, 지금 저는 삶에 종종 출현하는 '얼룩'을 받아들이기 시작했습니다. 한때는 깨끗하게 지우고 싶어 안달했지만, 얼룩은 아무 잘못도 없더군요. 오히려 얼룩들로부터 많은 것을 배우고 더 나은 사람이 되었습니다. 내 안의 얼룩을 보느라 나로 향했던 눈길을 밖으로 돌리면서 얼룩은 보이지 않고 자유로워진 느낌이었습니다. 마음이 자유로워지니 홍익의 삶을 살아야겠다는 생각이 들더군요. 학교 관리자로서 갈등관리 역량을 강화하고, 회복적 정의 및 마음 치유의 해법 등을 연구해온 것도 모두 여기에서 비롯했습니다. 더불어 저는 제 '자리'를 받아들이게 되었습니다. 누구나 세상에 자신의 자리가 있습니다. 남의 자리가 완벽해 보여서 자기 자리는 나 몰라라 내팽개치고 남의 자리를 탐해서는 안 되겠죠. 자기 자리를 아는 사람이야말로 진정으로 성숙한 사람입니다.

에고가 만든 완벽주의와 안정을 좇는 사람은 선택의 여지가 없다고 생각하지만, 그것은 환상일 뿐입니다. 우리에게는 선택권이 있습니다. 그런데도 단순히 환상과 그것을 뒷받침하는 반사적 사고에 굴복하겠습니까?

물론 에고를 깨부수고 나오는 일이 단 한순간에 완성될 수는 없습니다. 내가 나라고 인식해온 모든 것을 깨부수어야 하는데, 이미 '나'라고 정의한 습성이 하루아침에 사라지겠습니까? 내 세상이라고 생각해온 것이 무너지는 것과 같은 일이죠.

에고에서 벗어나기 위해 저는 더 나은 길을 찾고자 다짐합니다.

자존감과 성공에 의한 존엄성에 국한되지 않고, 다양성과 성장의 중요성을 이해하려 합니다. 편견에서 해방되어 자유롭게 실패를 받아들이고, 새로운 경험을 통해 나 자신을 발견하고 성장하려 합니다. 겸손과 이해의 자세로 다른 사람과 협력하면서 더 나은 세상을 만들기 위해 노력할 것입니다. 에고의 족쇄를 풀고 자유로운 마음가짐으로 새로운 도전에 나서려 합니다.

그 자체로 좋은 사람

몇 년 사이 사람 사귐에 관해 깊이 생각하게 됩니다. 예전에는 자신이 속한 환경과 배경에서만 사람을 만나고 교류했지만, 요즘에는 세상이 좋아져서 다양한 동호회나 SNS 같은 각종 수단을 이용해 나와 전혀 접점이 없는 새로운 사람을 만나는 것도 어렵지 않게 되었습니다. 참으로 이상한 것은 그럴수록 어떤 사람을 만나고 신뢰하고 어떤 방식으로 관계를 쌓아가야 할지 더 모호해지고, 스스로 선택한 교류의 방식이나 패턴이 정말로 옳은지 의심스럽다는 점입니다. 이에 최근 들어 사람 사귐에 대해 생각하게 된 내용을 잠시 이야기할까 합니다.

누군가가 내게 친절하고 헌신하며 언제나 나를 배려해준다면, 나는 자연스럽게 그가 참 좋은 사람이라고 느끼게 됩니다. 이론적으로는 나뿐 아니라 타인에게는 태도가 어떤지 잘 살펴봐야겠지만, 사실 이미 속으로 '그는 좋은 사람'이라고 확정한 후에는 특별히 모난 데가 없으면 다 좋아 보이기 마련입니다. 그런데 말입니다. 시간이 흘러 처음의 호감이 사라져도 그는 여전히 내게 똑같이 대해줄까요? 원래 사람은 성별을 떠나 누군가에게 호감을 느끼면 당연히 잘 대해줍니다. 아니 딱히 호감이 없어도 그렇게 교육받았거나 워낙 처세에 뛰어난 사람이라 내게 잘해준 걸 수도 있습니다. 이런 친절과 배려는 모두 시한부입니다. 그러니 단순히 내게 잘해주는 사람이 아니라, '그 자체로 좋은 사람'과

인연을 맺고 관계를 쌓아야 합니다.

내게 잘해줘서 호감과 친근감을 부르는 사람은 마치 달 같습니다. 내가 좋아하는 것은 달이 아니라 달빛일 뿐이죠. 시간이 흐르면 달빛은 사라지고 그동안 보이지 않았던 울퉁불퉁한 달의 표면이 보입니다. 반면에 그 자체로 좋은 사람은 마치 해 같아서 스스로 빛이 납니다. 이런 사람은 늘 빛이 나고 한동안 만나지 못하다가 다시 만나도 여전히 빛나고 있습니다. 누군가에게 호감이 생기면 그가 내게 잘해주기 때문인지, 아니면 그 사람 자체가 좋은 사람이기 때문인지를 분명히 아는 것이 중요합니다.

내게 잘해주는 사람은 주로 나의 선호나 편애를 따라가는 경향이 있고, 이는 종종 우리의 성장과 발전을 제약할 수 있습니다. 나를 편하게 하려고 의견을 수용하고 때로는 불편한 진실을 감추기도 하기 때문이죠. 이런 관계에서는 마치 편안한 안락지대에서 벗어나지 못하는 느낌을 받을 수 있습니다. 함께 어울리는 동안은 즐겁고 기쁘지만, 어느 순간 차갑게 식어버려 내게 상실감과 허무감을 안길 수도 있습니다.

반면에 그 자체로 좋은 사람을 만나게 되면 관계가 자유롭고 개방적입니다. 나는 그의 뛰어난 자질을 배우고 시야를 크게 넓히게 됩니다. 이런 사람은 나를 위해 내가 원하는 대로 행동하지 않으며 자신이 원하는 대로 행동합니다. 그래서 가끔은 부딪히고 갈등이 생길 수도 있지만, 그런 경험들이 서로를 더 깊게 이해하고 존중하는 계기가 됩니다. 서로 다른 배경, 생각, 경험을 가진 사람과의 교류를 통해 더 다양한 시각을 갖게 되고, 서로를 향한 이해와 배려가 쌓이면서 함께 성장하는 경험을 하죠. 또 일상적인 소소한 순간들에서부터 서로를 응원하고 격려하며 인정과 신뢰가 더 깊어지는 경험을 할 수 있습니다.

마지막으로 내게 잘 해주는 사람이 아니라 그 자체로 좋은 사람을 만나 교류하면 삶의 본질에 깊은 깨달음을 얻을 수 있습니다. 인간관계란 자아를 발전시키고 함께 성장하는 과정이며, 그러한 관계를 형성하는 것이 얼마나 중요한지 깨닫게 되죠. 그 자체로 좋은 사람은 내게 의도적으로 상처를 줄 리 없으며 늘 따뜻하고, 서로에게 더 나은 사람이 되어가고 이루어지는 과정에서 진정한 연결의 미학, 더욱 큰 가치와 의미를 찾을 것입니다.

중꺾마 vs. 중포마

최근의 유행어 중에 가장 인상적인 것이 하나 있습니다. '중꺾마'라는 말인데 '중요한 건 꺾이지 않는 마음'이라는 말귀를 줄인 신조어라고 합니다. 이전에 한 프로게이머가 이런 내용으로 인터뷰해서 소소하게 화제가 되었다가, 이후 2022년 카타르 월드컵에서 우리 국가대표팀이 끝까지 포기하지 않고 승리해 16강 진출에 성공하면서 이 말이 다시 크게 유행했습니다. 여기에서 '꺾이지 않는 마음'이란 열정과 인내의 결과이고, 어떠한 실패나 좌절, 난관에도 동요하지 않으며 강인한 마음으로 목표에 도달하기 위해 꿋꿋하게 전진하는 투지를 의미합니다. 이런 마음과 자세에서 나오는 힘은 분명히 우리를 더 강하게 만들어줍니다.

그런데 살다 보면 꺾이지 않는 마음도 꼭 필요하지만, 때로는 그렇지 않을 때도 있습니다. 알다시피 인생은 언제나 예상치 못한 도전과 어려움으로 가득 차 있고, 그런 순간마다 우리는 어떻게 대처할지 고민하게 됩니다. 바뀐 환경과 여건에서 계속 어떤 목표나 꿈을 추구하는 것이 가끔은 부담이 될 수도 있습니다. 이때 사람들은 크게 둘로 나뉩니다. 하나는 목표나 꿈, 기대가 변화해서 자신이 진정으로 추구하는 것이 무엇인지 다시 한 번 고민하는 사람들입니다. 다른 하나는 '중꺾마'를 외치며 역경에도 무너지지 않고 열정과 투지를 불사르는 자신에게

도취한 사람들입니다. 이런 사람들은 자신뿐만 아니라, 주변 사람들까지 힘들고 지치게 만들 수 있죠. 가장 큰 문제는 무언가에 집착하고 고수하면서 그것이야말로 자신의 정체성이라고 여긴다는 데 있습니다.

어쩌면 '중요한 것은 포기하는 마음', 즉 '중포마'일지도 모릅니다. 여기서 말하는 포기하는 마음은 부정적인 의미가 아니라, 현실을 직시하고 수용하는 과정입니다. 이때의 포기는 고착된 상태에서 벗어나 변화의 문을 열어주는 역할을 합니다. 집착에서 벗어나 새로운 시각을 얻고, 새로운 가능성을 찾아 나가는 기반이 되어 자신의 진정한 가치와 용기를 찾을 수 있게 하죠.

요컨대 포기하는 마음은 무력감이 아니라 실용적인 선택이 될 수 있으며, 현실을 직시하고 수용하여 새로운 시작을 위한 용기를 갖추는 태도인 것입니다. 어떤 목표와 길이 현재 상황에 맞지 않게 되면 유연한 마음가짐으로 새로운 길을 찾아가는 것이 더 나은 선택일 수 있습니다. 모든 것을 얻을 수 없고 모든 목표를 이룰 수는 없다는 것을 깨닫는 순간, 때로는 그것을 내려놓고 다른 길을 찾아가야 합니다. 포기를 통해 목표의 수정이나 새로운 목표 설정을 하는 것입니다. 이때의 포기하는 마음은 옳은 방향으로의 전환을 의미하므로 종종 지혜로운 선택일 수 있습니다. 우리에게 오히려 안정감과 안락함을 주죠. 그러므로 중요한 건 포기하는 마음을 두려워하지 않고 받아들이며, 언제든지 변화에 적응해 앞으로 나아가는 것입니다.

그렇다고 제대로 해보지도 않고서 조금이라도 마음이 바뀌면 냅다 포기하라는 이야기로 받아들이지 않기 바랍니다. 엄밀히 말하면 '정말 중요한 것은 언제까지나 포기하지 않는 것이 아니라, 언제 포기할지를 알아차리는 능력'입니다. 이것은 사회에서 일하고 가정을 꾸리며 살면서 꼭 필요한 중요한 지혜죠. 가끔은 더 나은 길을 찾기 위해 일시적으로라도 뒤로 물러서는 것이 필요합니다. 이는 목표를 향한 열정을 잃었다는 의미가 아니라, 새로운 에너지를 충전하고 지금의 상황을 다시 평가하는 과정입니다. 또 다른 의미로의 포기이지만, 새로운 가능성을 열어줄 수 있는 중요한 결정입니다.

인생은 언제나 도전의 연속입니다. 어려운 순간을 마주했을 때 우리는 때로는 꺾이지 않는 마음을, 때로는 포기하는 마음을 가지게 됩니다. 중요한 건 이 두 마음을 균형 있게 지닐 수 있는 능력입니다. 꺾이지 않는 마음과 포기하는 마음을 필요에 따라 적절하게 사용할 줄 알아야죠. 꺾이지 않는 마음은 우리를 전진으로 이끄는 동기부여가 되고, 포기하는 마음은 우리에게 새로운 시작과 기회를 가져다줍니다. 이 두 마음을 균형 있게 갖추면 삶의 흐름에 맞춰 변화와 성장을 이루어 나갈 수 있을 것입니다.

여우가 목숨을 부지하는 법

깊은 숲속, 먹이를 찾아 헤매던 여우 한 마리가 사냥꾼이 쳐놓은 덫을 밟아 한쪽 뒷다리를 날카로운 집게에 물리고 말았습니다. 놀란 여우가 빠져나오려고 버둥거렸지만, 그럴수록 집게가 더 깊이 박혀 통증만 더 심해질 뿐이었습니다. 잠시 후에 나타난 사냥꾼은 덫에 사냥감이 걸린 것을 보고 무척 기뻐하며 여우를 빼내기 위해 다가왔습니다. 바로 그때, 누구도 예상하지 못한 놀라운 일이 벌어졌습니다. 여우가 고개를 홱 돌려 입을 벌리고 날카로운 이빨을 드러내어 덫에 걸린 자신의 뒷다리를 세게 물어뜯은 것입니다. 여우의 피가 사방으로 튀어 놀란 사냥꾼이 뒤로 물러선 순간, 눈 깜짝할 사이에 여우는 다리를 절뚝거리며 숲속으로 도망쳤습니다. 사냥꾼의 눈앞에 남은 것은 집게에 물린 채 여전히 약하게 떨리고 있는 여우의 뒷다리 하나와 붉은 발자국뿐이었습니다.

이야기에서 여우는 목숨을 부지하기 위해 뒷다리 하나를 과감히 버렸습니다. 그러지 않았다면 어떻게 되었을까요? 당연히 그날 저녁 사냥꾼의 식탁 위에 놓인 고기가 되고, 옷걸이에 걸린 가죽 한 장으로 전락했겠죠.

현명한 여우와 달리 사람들은 종종 가진 것을 지키고 내려놓지 않으려고 합니다. 돈, 명예, 지위, 취미 등을 꽉 틀어쥔 채로 또 다른 것까지 가지려고 할 뿐이죠. 손에 쥔 것을 포기할 의지가 없으니 결국 더 많은 것을 잃게 되는 경우가 허다합니다. 삶에서 실제로 많은 사람이 작은 것 때문에 큰 것을 잃어버리고, 너무 꽉 쥐는 바람에 더 많은 것을 잃곤 합니다. 이것이 바로 집착입니다. 내려놓을 때는 내려놓아야 하고, 아깝다고 느껴지는 순간 버려야 합니다. 기억하세요. 너무 꽉 붙잡으면 오히려 잃어버리게 됩니다.

내려놓으면 더 큰 행복을 얻는다지만, 막상 어느 날 갑자기 쥐고 있던 것을 전부 내려놓는 일은 불가능합니다. 우리가 내려놓기를 주저하게 만드는 가장 큰 원인은 바로 우리가 사회 속에서 기능하고 살아가는 사회의 일원이라는 점입니다. 내려놓기를 지향하지만, 그렇다고 도인처럼 모든 것을 훌훌 털어버리고 속세를 떠날 수는 없는 일이니까요.

현대사회를 살아가는 사람으로서 우리가 할 수 있는 합리적인 선택은 무얼까요? 우선 미래의 가능성을 열기 위해 과거와 현재에 나를 가장 짓누르고 힘들게 하는 짐을 떠올려야 합니다. 과거 선택의 결과를 고려해서 지나간 상처, 과거의 실수나 무의미한 감정을 내려놓는 거죠. 상황을 살피고 분석한 후, 과거 선택의 결과를 고려해서 최종적으로 자신에게 책임 있는 결정을 내리는 것입니다.

이때의 결정은 본질적으로 그것의 옳고 그름의 문제가 아니며 당시의 상황에 적합한 시의적절한 것이어야 합니다. 무언가를 내려놓은 후에 불안감을 느낄 수도 있습니다. 하지만 삶은 누구에게나 선택과 내려놓기의 문제를 제시하고 이 과정은 필수적이죠. 중요한 것은 현실을 어떻게 받아들이느냐에 달려 있습니다. 내려놓기는 단순히 포기하는 것이 아니라, 무엇이 진정으로 중요한지를 깨닫고 그에 맞게 행동하는 것입니다. 이렇게 하나씩, 하나씩 내려놓다 보면 진정한 자유와 안정을 느낄 수 있습니다.

덧붙여 저는 '지지(知止)', 즉 '멈출 줄 아는 것'이야말로 삶의 큰 지혜라고 생각합니다. 이는 비겁하거나 두려워하는 것이 아니며, 자신의 현실을 충분히 따져본 후에 내리는 합리적인 선택입니다. 지지는 사람이 스스로 자신의 한계를 이해하고 존중하는 것을 의미합니다. 무한한 지식을 추구하며 자아를 과신하는 것이 아니라, 현실적이고 겸손한 마음가짐을 가리킵니다. 지지의 큰 지혜를 이해하면 인간관계나 의사 결정에서 균형을 찾아가는 데 도움이 됩니다. 멈출 줄 아는 것은 지나친 집착이나 과도한 야망을 피하면서 현재의 삶을 더 풍요롭게 만들 수 있는 지혜의 지침입니다.

하루하루가 생의 첫날인 것처럼

완벽한 인생은 존재하지 않습니다. 우리는 모두 어느 정도의 불완전함과 미완성으로 태어나 자랍니다. 그러나 이 불완전함은 우리를 더 나은 사람으로 성장하게 만드는 여정의 일부입니다. 삶의 불완전함을 이해하는 동시에 삶에 대한 열정을 잃지 않는다면 이 여정은 늘 푸르름과 생기가 넘칠 것입니다. 완벽함을 추구하기보다, 불완전함 속에서 나 자신을 받아들이는 것이 중요합니다. 자신을 있는 그대로 받아들이고, 실수와 결점을 인정할 때, 진정한 성장과 행복을 찾을 수 있습니다. 불완전함이란 무엇보다 자연스러운 상태이며, 그 안에서 비로소 진정한 아름다움과 행복을 발견할 수 있습니다.

인생은 과정이지 결과가 아닙니다. 이 과정을 즐기지 못한다면 결과가 어떻게 될지는 불 보듯 뻔하죠. 저는 인생이 '괄호'라고 생각합니다. 왼쪽 괄호는 탄생, 오른쪽 괄호는 죽음입니다. 우리가 해야 할 일은 이 괄호를 채우는 것입니다. 더 홀가분하고 자유로운 삶, 상처받지 않은 완전한 자유를 누리는 삶으로 괄호를 채우도록 노력해야 합니다. 좀 더 긍정적인 것에 집중하세요. 마음가짐은 우리의 선택을 결정하고, 선택은 인생이라는 괄호를 채우는 내용을 결정합니다.

한때 저는 사람들 앞에 서는 것이 참 두려웠습니다. 누군가 부족한 콘텐츠를 훌륭한 퍼포먼스로 무마하는 걸 보면 자괴감도 들더군요. 분명히 내게도 남들에게 없는 장점이 있는데 그보다는 나서서 말 한마디 하기가 어려운 나 자신이 부족해 보이기만 했습니다. 그런데 이런 생각이 제 머릿속을 지배하니 세상이 점점 더 좁아지기만 하더군요. 나는 떠들썩하게 나서기보다 혼자만의 시간을 갖고 자신에게 더 집중하며 나를 더 키워보는 쪽을 선호한다고 스스로 위안했지만, 사실 배포가 없고 소극적인 태도였음을 인정합니다. 그런데 마음공부를 시작하고 명상을 계속하다 보니 이 시끌벅적하고 변화무쌍한 세상에서 내면의 평화를 유지하기 위해 정작 필요한 것은 나 자신을 고립시키는 것이 아니라 나 자신에 대한 믿음을 강화하는 것이더군요. 스스로 내면을 찬찬히 들여다보고 자신이 제한한 세계에서 과감하게 벗어나는 것이 중요했습니다.

저는 교사로서 학교 갈등관리에 관한 연구 및 다양한 교육적 사회봉사 활동에 관심이 많았습니다. 그 일환으로 심리상담사 1급, 회복적 정의와 대화모임 전문가 1급 등 관련 자격증을 취득하는 등 전문적 역량을 기르기도 했죠. 한번은 경기도교육청 평생교육센터에서 주관하는 강의 공모가 있어서 신청했습니다. 발표라면 어떻게든 피하려고만 했던 사람인데 나름 용기를 낸 일이죠. 여전히 다소 부족하지만, 퇴임 후 홍익의 삶을 실천하기 위한 준비라 생각하고 과감하게 신청한 것인데 덜컥 선정이 된 것입니다! 덕분에 '인생 후반기 평화를 부르는 지혜'라는 이름으로 4시간 강의를 하게 되었습니다. 이 일은 그토록 소심했던 내가 강의를 통해 재능기부를 할 수 있다는 유능감을 느낄 수 있었던 경험이었습니다. 강의 후에 수강자 몇 분께서 좋은 평가와 함께 감사 인사를 해주셔서 더 큰 감동을 느끼기도 했죠.

인생은 과정이므로 우리는 하루하루를 마치 생의 첫날로 여겨야 합니다. 이러한 마음가짐은 우리에게 새로운 기회를 제공합니다. 어제의 실패나 어렴풋이 떠오르는 고통을 뒤로한 채, 오늘을 기회의 시작으로 삼을 수 있으니까요. 하루하루를 생의 첫날로 생각하면 과거의 짐을 떠올리지 않고 미래에 대한 불안에 사로잡히지 않을 수 있습니다. 현재의 순간에 집중하고, 그 안에서 나 자신을 발견하며 살아갈 수 있습니다. 각각의 날들은 새로운 경험과 배움의 기회로 가득 차 있으며, 이를 통해 더 나은 버전의 나를 찾아가는 여정을 계속할 수 있습니다. 어딘가에는 분명히 완벽한 인생이 있으리라는 환상을 버리고 오늘을 소중히 여기며 살아가세요. 삶이 더 풍요롭고 의미가 생깁니다. 그리고 결국 완벽함은 아니더라도 삶이 아름다워진다는 것을 깨닫게 될 것입니다.

지금 이 책을 읽는 독자들 역시 이제껏 살아오면서 크고 작은 난관과 좌절을 겪었으리라 생각합니다. 하지만 우리는 알고 있죠. 지금 해가 져도 내일은 분명히 오고, 꽃이 진 후에는 반드시 열매가 있으며, 푸른 봄이 막을 내려도 황금빛 가을이 있다는 사실을 말입니다. 그러니 매일 아침 일어나면 자신에게 긍정적인 심리적 암시를 주세요. 스스로 나는 건강하고 긍정적이라고 말한다면, 실제로 그렇게 될 것입니다.

불완전한 자신을 받아들이고 삶의 모든 순간을 소중히 여기면서 살아가면 내일은 더 나은 기회와 경험으로 찾아올 것입니다. 완벽한 인생 대신, 불완전하고도 아름다운 인생을 즐기며 모든 순간을 선물로 받아들이는 것이 삶의 진정한 행복입니다. 과거의 고민과 미래의 불안에 얽매이지 말고, 현재를 귀하게 여기며 더 나은 내일을 위한 준비를 하면 삶은 더욱 풍성하고 유의미하게 펼쳐질 것입니다. 이 책을 읽는 모든 독자가 즐거운 여정을 걸어가길 바랍니다.

먼저 자신에게 진실하라.
어찌 스스로에게 진실하지 못하면서
다른 사람이 자신에게 진실하기를 바라는가.
만약 당신이 진실하다면 밤이 낮을 따르듯
어떠한 사람도 당신에게 거짓을 말하지 않으리라.

— 윌리엄 셰익스피어(William Shakespeare)

제6장

오직 내게 진실하게

이 장에는 허상과 편견을 벗어나 무엇보다도 자기 자신을 진실하게 인정하고 솔직해지는 용기를 갖추어야 한다는 마음을 담았습니다. 우리는 완벽함이 아닌 솔직한 모습에서 나오는 자아를 존중하며 강렬한 자기 정체성을 찾아가야 합니다. 때로는 치열하게 살아야겠지만, 또 때로는 순간을 즐기며 삶의 흐름을 따라가야겠지요.

외부의 평가나 사회적 기대, 편견에 휘둘리지 않고, 마음의 소리를 듣고 따르며 자기 자신의 가치와 꿈을 존중하면서 살아가는 힘을 가지기 바랍니다. 삶을 그냥 흘러가게 두면서 그 안에서 단순한 행복을 발견하고, 과도한 스트레스와 기대에서 해방되어 더 나은 삶을 찾기 바랍니다.

나 자신부터 이해하기

사람의 에너지는 한정적입니다. 나는 물론이고 주변의 모든 사람과 사물, 일들에 소모하기에는 부족하죠. 그렇다면 우선순위를 정해야 할 텐데 당연히 자신이 첫 번째가 되어야 합니다. 주어진 모든 시간과 에너지를 자신에게 집중하고, 무관한 사람과 사물, 일에 대해서는 덜 듣고, 덜 접하고, 덜 끼어드는 편이 좋습니다. 이렇게 말하면 더불어 살아가는 사회에 어떻게 그럴 수 있을지 의문이 들기도 할 것입니다. 제가 전하고 싶은 참뜻은 자신을 돌보는 법을 배우고, 자신에게 잘하고, 자신을 더 좋게 만들기 위해 더 많은 일을 해야지 비로소 타인을 더 잘 돌볼 수 있다는 이야기입니다. 스스로 자신을 잘 알지도 못하고 나 자신과도 잘 지내지 못하면서 타인을 만족시키거나 돌볼 수는 없습니다. 실제로 많은 전문가가 모든 시간과 에너지를 자신에게 집중하라고 조언합니다. 그런데 많은 사람이 이와 반대로 하고 있죠.

자신에 대한 깊은 이해는 자신과의 대화를 통해 이루어집니다. 이는 마치 내면의 목소리에 귀 기울이는 것과 같습니다. 우선 자신을 돌아보면서 내면의 감정, 가치관, 욕망, 목표 등을 탐험하며 자신과 소통하는 과정은 마치 내면의 문을 열어 새로운 세계를 발견하는 것과 같습니다. 이는 자기애가 아니라 건강한 자기 인식을 의미합니다.

자기 자신에 대한 깊은 이해는 타인을 돌보고 이해하는 중요한 출발점이 됩니다. 우리가 자신을 충분히 이해하지 못하면 타인에 대한 이해 역시 부족하게 되죠. 자신을 이해함으로써 생기는 여유는 마치 새로운 시각을 얻은 듯한 효과를 낳습니다. 자신의 복잡한 감정을 이해하면서 다양한 감정의 원천과 그에 따른 행동 패턴을 파악할 수 있습니다. 자신에게 귀를 기울이면서 강점과 약점을 알아가면, 타인을 이해하는 데도 민감성이 높아지게 됩니다. 자신의 복잡한 감정을 인식하고 다양한 경험을 통해 배운 것들을 숙고하면 자연스럽게 타인의 감정을 더 깊게 읽고 이해할 수 있게 되며, 상대방과 더 강한 공감을 형성할 수 있습니다.

자신에 대한 깊은 이해를 통해 얻은 성찰은 자존감을 향상합니다. 자신의 강점과 약점을 인식하면서 자신을 받아들이고 허용하는 자세가 자연스럽게 형성되는 것이지요. 더 중요한 것은 이런 변화가 타인에게도 긍정적인 메시지를 전한다는 사실입니다. 다른 이의 강점을 인정하고 그들의 약점을 이해하는 눈을 키우게 되면 서로에게 더욱 풍부한 지지와 이해가 이루어집니다.

더불어 자신에 대한 깊은 이해를 통해 얻은 여유는 타인의 다양성을 받아들이고 수용하는 데 도움이 됩니다. 다른 사람들의 선택과 행동에 예민하게 반응할 수 있게 되며, 그들의 관점에서 세상을 바라보는 능력이 향상되기 때문입니다. 타인에 대한 포용력은 협력과 소통에 긍정적인 영향을 미칩니다.

또 자신에 대한 깊은 이해는 개인의 감성을 풍부하게 만들어줍니다. 마치 내면의 눈을 개방하는 것과도 같죠. 자신을 이해하면 창의성이 향상되고 감수성이 미세해집니다. 이를 통해 우리는 더 넓고 풍요로운 관계를 형성하며 상대방을 더 깊이 이해하는 능력을 기를 수 있습니다. 이렇게 감성이 풍부한 상태에서 타인과 소통하면 미묘한 감정의 흐름을 눈치챌 수 있고, 상대방과의 관계를 보다 깊게 이해할 수 있게 됩니다.

결국 자신에 대한 깊은 이해는 자기 성장과 타인을 더 잘 이해하고 지지하는 데 결정적인 역할을 합니다. 이는 깊은 마음으로 통하는 문을 열어주고, 그 결과로 타인에게도 따뜻한 마음을 전할 수 있게 합니다. 자신에 대한 참된 이해는 상호 간의 소통과 이해를 촉진해 인간관계를 더욱 깊게 발전시키고 삶의 품격을 향상하는 길입니다.

남의 눈 안에 살지 않습니다

모든 사람의 마음에 드는 것은 불가능하며, 모든 사람을 만족시키는 것도 불가능합니다. 나는 나만의 원칙과 기준이 있고, 상대방 역시 그 사람만의 원칙과 기준이 있으니까요. 그러니 타인의 눈에 맞춰 자신을 평가해서는 안 됩니다. 무슨 일을 하든 타인을 만족시켜야 한다는 생각이 앞서면 피곤하고, 매사에 상대방의 동의를 얻는 것도 힘든 일이죠. 내 삶은 나 자신의 것일 뿐, 다른 사람에게 보여주려고 사는 것이 아닙니다. 그저 자신에게 충실하게 나 자신의 삶을 잘 살면 그만입니다. 이것이 가장 중요합니다. 남의 시선에 과도하게 반응하지 마세요. 자신의 길을 걸으며, 자기 인생을 살고, 편한 대로 살아가면 됩니다.

타인의 눈 안에 들어가 그의 기준에 맞춰서 살지 마세요. 내 삶을 남의 잣대로 가늠하다니 이보다 더 어리석은 일은 없습니다. 사람은 누구나 자기 삶의 방식이 있으며 타인의 것을 참고하고 비교할 필요는 없습니다. 무엇을 하든 세상의 눈치를 보고 타인도 그렇게 생각하는지 살필 필요는 없죠. 나는 유일무이한 존재이며 남의 눈에는 잘살든 못살든, 나만의 삶일 뿐입니다. 오직 내 마음의 평안을 추구하고 내 양심에 부끄럽지 않게 사는 것이 좋습니다. 마찬가지로 다른 사람이 아무리 잘 되어도 부러워하지 말고, 또 아무리 못 되어도 비웃어서는 안 됩니다. 세상에는 늘 나보다 나은 사람이 있고, 나보다 못한 사람도 있는 법이니까요. 그저 자신에게 진실하게, 원하는 대로 살아가기만 하면 됩니다.

남들이 어떻게 생각하고 평가하는지에 대한 두려움을 떨쳐내고 나 자신의 기준에 따라 살아가는 자세는 강력한 내적 자유 의식을 의미합니다. 남의 시선이라는 잘못된 기준에서 벗어나 나만의 길을 걷는 것은 마치 새로운 세계를 개척하는 것과 같습니다. 자신에게 중요한 가치관과 목표를 바탕으로 살면 허구적인 외부 평가나 비판에 휩쓸리지 않고, 강인한 내면을 유지할 수 있습니다. 이것은 자기 성찰과 성장을 위한 중요한 기회로 작용합니다.

남의 시선에 영향을 받지 않는 삶은 곧 자유로움을 의미합니다. 이렇게 살면 남의 평가나 기대에 부합하기 위해 지치지 않고, 자신의 욕망과 꿈을 추구할 수 있죠. 자유는 자기 존중과 연결되어 있으며 자유로운 삶은 창의성과 독창성을 향상하는 토대가 됩니다. 동시에 남의 눈을 신경 쓰지 않는 삶은 자기 책임을 더욱 강조합니다. 자신의 선택과 행동을 책임질 때, 실패와 성공은 모두 자신에게 귀속되고 이를 통해 더 강력한 성취감을 느낄 수 있죠. 남의 기대에 부응하기보다 자신의 목표를 향해 나아가면 더 큰 성취를 이룰 수 있습니다.

마지막으로 남의 시선에 과도하게 기대지 않으면 자기 존중과 안정을 얻을 수 있습니다. 자신의 가치를 외부의 인정이나 비판에 의존하지 않고 찾아가면 내면에서 온전함을 느끼게 되고 이는 더 나은 정서적 안정성을 가져다줍니다. 남의 시선을 떠나 나 자신에게 충실하게 살아가는 것은 참된 자유와 만족감을 찾아가는 첫걸음입니다.

그렇다고 안하무인으로 행동하라는 의미가 아니니 오해가 없기를 바랍니다. 다만 내가 아무리 잘해도 누군가는 그렇지 않다고 말할 수 있음을 알아야 합니다. 우리는 모두가 좋아하는 황금도, 모두가 필요로 하는 산소도 아닙니다. 그저 불완전한 사람일 뿐이죠. 그러니 자신의 불완전함을 받아들이고 다른 사람이 어떻게 생각하고 말하든 신경 쓰지 않는 법을 배워야 합니다. 다른 사람의 입을 내가 통제할 수 없고, 그가 어떻게 말하든 전혀 상관할 수 없으니 그냥 내버려두세요. 모든 사람의 요구를 들어줄 필요는 없습니다. 스스로 자신의 깨끗한 양심에 거리낌이 없기만 하면 됩니다.

거짓 영광은 속임수일 뿐

영광이란 빛나고 아름다운 영예를 일컫는 말입니다. 그 자체는 분명히 빛나는 꿈의 한 조각이나, 영광에 대한 갈망은 종종 헛된 꿈에 지나지 않습니다. 영광을 추구함에는 많은 희생과 노력이 따르지만, 그 결과로 얻는 것은 언제나 불안하고 일시적인 성취감에 불과하죠. 영광에 대한 욕망은 미묘한 함정을 안고 있는 심리적 욕망 중 하나입니다. 때로는 우리의 진정한 본질을 희생시키고 소외감과 공허함만 남기기도 하죠. 사회적 평가와 외부의 인정은 마치 가벼운 바람결처럼 다가오지만, 그 속에는 무거운 부담과 속임수가 감춰져 있습니다.

우리는 종종 주변의 시선에 휩쓸리며 자신을 왜곡하고 목표를 외부의 기대에 맞추곤 합니다. 다른 이들의 찬사와 인정, 사회적인 지위 등이 마치 삶의 목표와 정의 같이 느껴지기도 하죠. 하지만 이러한 외부적인 것들은 언제나 변할 수 있고 허무맹랑한 것일 수도 있습니다. 이런 영광은 자기 자신이 아닌 다른 이의 시선에 매여있으며, 이로 인해 내적 충족감을 얻기 어렵기 때문입니다. 단기적인 만족감을 줄 수는 있겠지만, 그 가벼운 행복의 순간 뒤에는 곧 공허함만이 남을 뿐이죠. 외부의 평가에 의존하는 삶은 마치 종이에 쓰인 시나리오를 따라가는 것과 같아서 진정한 존재의 가치와 개성을 희생하게 됩니다. 그것은 마치 색이 바래진 그림처럼, 자신의 색채를 잃고 모노톤의 삶에 빠져들게 만들죠.

영광이 모두 거짓임을 깨닫는 것이야말로 현명한 시선입니다. 너무나 많은 경우, 우리는 외부의 눈길에 쓸데없이 열중한 나머지 자아를 잃어가곤 합니다. 그러나 영광은 시간이 흐름에 따라 변할 수 있고, 무상한 가치나 의미를 담고 있지 않습니다. 영광에 대한 탐욕은 우리를 허무한 욕망에 빠뜨릴 뿐, 진정한 행복과 만족은 내면에서 찾아야 합니다. 헛된 갈망에서 벗어나 진정한 풍요로움과 만족을 찾아가는 여정은 자아를 발견하고 인생에 깊이 관여하는 것과 연결되어 있습니다. 영광의 그늘에서 벗어나 자기 자신을 찾는 순간, 진정으로 의미 있는 삶이 펼쳐질 것입니다. 내적인 성장과 소중한 순간들에 주목함으로써 영광 없이도 풍요로운 삶을 살아갈 수 있습니다.

영광에 대한 갈망을 내려놓는 것은 어떤 의미를 가질까요?
우선 자신의 내면을 탐험하며 진정으로 중요한 가치와 목표를 찾아갈 수 있습니다. 외부적인 영광이 아닌 자기 자신에게 충실함으로써 우리는 더 강한 내면의 안정성을 얻게 됩니다. 이는 마치 외부적인 평가와는 독립된 자아의 기반을 형성하는 것과 같습니다. 또 영광을 갈망하지 않는 삶은 경쟁과 비교에서 해방되는 것을 의미합니다. 자기 자신을 다른 이들과 비교하지 않고 자기만의 기준에 따라 성장하고 발전하면 영광이나 외부적인 인정 없이도 귀중한 삶을 살아갈 수 있습니다. 이는 내적인 만족과 안정성을 향상하며 더욱 건강하고 풍요로운 삶을 가능케 합니다. 끝으로 영광을 향한 갈망을 내려놓는 것은 곧 삶의 진정한 목적을 발견하는 것과 연결됩니다. 외부의 영광이 아닌 내면에서 비롯된 목표와 의미에 주목하면 더 의미 있는 삶을 살아가게 됩니다. 진정한 행복과 만족은 자기 자신과의 조화 속에서 발견되며 외부적인 영광에 의존하지 않는 삶은 영원한 가치를 지니게 됩니다. 이러한 인식은 우리에게 영광의 헛된 갈망을 떠나 진정한 풍요로움과 내적 평화를 찾아가는 지혜를 제공합니다.

거짓 영광에 대한 욕망을 내려놓기란 결코 쉬운 일이 아닙니다. 이는 자기 자신에 대한 깊은 이해와 솔직한 성찰을 통해 시작됩니다. 자기 자신의 가치를 인정하고 외부의 평가에 휘둘리지 않는 강한 내면을 구축하는 것이야말로 진정한 영광과 만족을 찾아가는 첫걸음일 것입니다. 영광의 무의미한 향기에 속지 않고 진정한 풍요로움을 찾는 여정에서 우리는 더 의미 있는 삶을 살아갈 수 있습니다. 기억하세요. 진정으로 의미 있는 삶은 현재를 소중히 여기고 지금 이 순간에 최선을 다하는 데 있습니다.

그냥 흘러가게 두세요

혹시 걱정이 많거나 너무 감상적이라 힘든가요? 날씨 하나에도 기분이 오락가락하고, 심지어 아무 이유도 없이 묘하게 우울해지거나 낙담하곤 하나요? 나와는 관계없는 일이라도 주변에 갈등 상황이 생기면 괜히 짜증이 나고 긴장되나요? 불안함을 자주 느낍니까? 선택에 직면했을 때, 결정을 내리기가 어렵습니까?…… 이 질문 중에서 세 가지 이상에 해당한다면 당신은 외부 환경에 매우 민감한 사람입니다.

아마 이미 스스로 알고 있겠죠. 자신이 외부 환경의 변화에 매우 취약하다는 사실을 말입니다. 그렇다면 이제 해야 할 일은 명상을 배우고, 자신을 위한 단단한 마음을 기르고, 담담한 삶의 태도에서 에너지를 얻는 것입니다. 이렇게 하면 외부의 부정적인 감정과 에너지가 쉽게 영향을 미칠 수 없으므로 더 침착하고 차분해질 수 있습니다. 갓 태어난 아기들은 매일 먹고 마시고 자고 옹알이할 뿐이지만, 전혀 지루해하지 않고 초조하거나 불안해지도 않습니다. 그 이유는 아기의 마음이 마치 백지처럼 순수하고 모든 관심이 자신의 몸과 마음에만 집중되어 있기 때문입니다. 그래서 자기 손을 한참 동안 흥미롭게 쳐다보거나 발가락을 만지작거릴 수 있지요. 그렇다면 어떻게 해야 더 집중하고 차분해질 수 있을까요? 내려놓는 법을 배우고 자신의 몸과 마음에 집중하면서 삶을 그냥 흘러가게 두어야 합니다.

삶을 그냥 흘러가게 둔다는 것은 계획과 통제에 과도하게 집착하지 않고, 인생의 흐름에 몸을 맡긴 채 지나가는 순간을 받아들이는 자세를 의미합니다. 일상의 속삭임에 귀를 기울이면, 삶은 자연스럽게 흘러가기 시작할 것입니다. 우리는 종종 계획과 목표를 세우며 특별한 순간을 기다리곤 합니다. 물론 계획과 목표는 분명히 중요하지만, 과도하게 집착하면 놓치기 쉬운 아름다운 순간들이 있죠. 때로는 강제적인 통제를 내려놓고 삶의 흐름에 맡겨보는 것이 새로운 가능성을 열어줄 수도 있습니다. 때로는 그냥 흘러가는 삶의 흐름을 따라가며 예상치 못한 경험들을 받아들이는 것이 더 큰 풍요로움을 안겨줄 수도 있습니다.

우리는 삶의 많은 순간에서 예상치 못한 상황에 마주하며 그에 대응하고 적응하기 위해 끊임없이 노력합니다. 그러나 어떤 문제들은 우리가 바꿀 수 없는 것이기 때문에 강제적인 통제와 계획으로도 해결할 수 없죠. 세상에는 내 힘으로 바꿀 수 없는 일이 많다는 사실을 받아들일 수밖에요. **삶을 그냥 흘러가게 두어 이해와 수용의 범위를 확대하세요. 흐름을 따라가면서 자연스럽게 자기 자신과 세계와의 조화를 찾아갈 수 있습니다.** 우아하게 변화의 흐름에 몸을 맡기면서 내면의 평화를 찾을 수 있습니다.

이런 때에는 무기력한 불안 속에서 허우적대기보다는 하루하루를 차분하게 직면하고 행복하게 보내는 편이 더 낫습니다. 밤잠을 설치게 하는 긴장된 감정을 모두 내보내고, 마음가짐은 담담하되 활기찬 자세로 살아가야 합니다. 바로 이런 이유로 고대부터 현대까지 수많은 현자가 하루하루를 세상의 종말이라고 여기고 열심히 최선을 다해 살라고 설파했죠. 물론 쉽지는 않을 것입니다. 두려움과 불안이 따를 수도 있으나 그 역시 삶의 일부죠. 우리는 실패와 어려움을 마주하면서 자라고 그 경험들을 통해 강인함을 얻을 수 있습니다. 삶을 그냥 흘러가게 두면서 인생의 진정한 풍요로움과 의미를 발견할 수 있습니다.

노파심에서 덧붙이자면 삶을 흘러가게 둔다고 해서 무책임하게 행동하는 것은 아닙니다. 여전히 목표와 가치를 가지고 적극적으로 살아가야 합니다. 다만 그 과정에서 예상치 못한 일에 대처하고, 변화에 적응하면서도 내적인 평화를 지키며 삶을 즐기는 데 집중할 필요가 있습니다. 삶을 그냥 흘러가게 둔다는 것은 새로운 경험과 기회를 환영하며, 그 안에서 삶의 미소를 찾아가는 지혜로운 선택입니다. 삶의 흐름에 내 몸을 맡겨보세요. 어쩌면 시간과 함께 문제가 풀리고 적응력이 생기며 더 나은 선택을 위한 기회가 올지도 모릅니다.

하되 함이 없이, 머물되 머무는 바 없이

'하되 함이 없이, 머물되 머무는 바 없이', 이 말은 제가 가장 좋아하고 모든 생활의 신조로 삼고 있는 경구 중 하나입니다. 원래는 하나의 말이 아니고 출처도 각기 다르나 의미하는 바는 크게 다르지 않습니다.

먼저 '하되 함이 없이'는 한자어로 '무위지위(無爲之爲)'라 하며 노자(老子)의 사상입니다. 노자의 《도덕경(道德經)》 제37장에 실린 '도상무위이무불위(道常無爲而無不爲)', 즉 '도는 언제나 함이 없지만, 하지 못함이 없다'라는 말에서 나왔습니다. 불교에서는 같은 의미로 무위행(無爲行), 무집착(無執着), 그리고 방하착(放下着)으로 이야기 합니다. 특히 방하착은 '내려놓아라'라는 의미로 제가 이 책을 통해 독자 여러분께 전하고자 하는 메시지이기도 합니다. 지금까지 이야기한 대로 내려놓기란 세상만사, 내 몸과 마음을 모조리 다 내려놓고, 생각을 고요히 하며 마음을 그대로 내버려 두어 참견을 멈추는 것입니다. 그저 모든 것을 그냥 내버려 두는 것을 일컫습니다.

'머물되 머무는 바 없이'는 불교의 경전인 《금강경(金剛經)》에 실려 있는 심오한 법문인 '응무소주 이생기심(應無所主 而生其心)', 즉 '응당 히 머무는 바 없이 그 마음을 내라'에서 온 말입니다. 내가 고통받고 괴롭고 화난 마음이 생겼을 때, 마음에 꾹꾹 눌러 담지 말고, 부처님께 그 마음을 내어 공양하라는 의미로 쓰였습니다. 수행자는 마음이 있는 곳을 잘 주시하며 비워야 합니다. 마음이 무언가 번뇌와 욕심과 집착을 붙잡고 들어오지 못하게 잘 비울 수 있다면 그 사람은 아무리 마음을 일으키더라도 고요한 지혜가 깃들 수 있습니다. 즉 마음을 일으키되 머무는 바 없이, 집착하는 바 없이 마음을 일으킬 수 있다면 수만 가지 마음을 일으키더라도 한 치의 마음도 움직임이 없을 수 있습니다. 마음을 모두 다 내어놓으라니, 그야말로 내려놓기의 가치를 보여줍니다.

우리의 삶은 종종 끊임없는 목표와 계획을 향한 노력으로 가득합니다. 성공과 성취에 대한 갈망은 우리를 앞으로 나아가게 만들지만, 그 과정에서 놓치는 것들도 있습니다. '하되 함이 없이, 머물되 머무는 바 없이'라는 말은 마치 삶의 가치를 찾는 과정에서의 방향을 제시하는 듯한 철학적인 지침으로 다가옵니다. 꼭 자연의 흐름을 따라가는 지혜를 담고 있는 듯하죠. 저는 이 멋진 철학을 제 나름의 방식으로 이해하고 실제 생활에 적용하려고 부단히 노력하고 있습니다. 좀 더 자세하게 이야기해보겠습니다.

하되 함이 없이

우선 '하되 함이 없이'는 무작정 행동하거나 무언가를 이루려는 것이 아니라 자연스럽게 행동하고 존재하는 것을 의미합니다. 살다 보면 삶은 어느새 목표를 향해 노력하고 힘차게 나아가는 과정으로 인식되고,

우리는 종종 이런 노력 속에서 목표에 대한 집착과 스트레스에 휘둘리곤 하죠. '하되 함이 없이'는 무엇인가를 이루려고 할 때, 지나치게 노력하거나 목표에 집착하지 않는 것을 의미합니다. 삶을 향한 노력은 중요하지만, 강제적인 통제와 계획은 내려놓아야 마땅합니다.

너무 과도한 목표와 계획에 집착하지 않아도, 또 너무 과도한 노력과 힘든 시도 없이도 뜻하지 않은 성취를 이룰 수 있습니다. 마음이 고요한 상태에서 모든 것을 내려놓고 사심 없이 한 행동이 그렇게 만든 거죠. 그러니 자연스럽게 일어나는 변화에 수용력을 발휘하는 것이 어쩌면 더 효과적일 수 있습니다. 마치 강에서 흘러가듯이 내면의 소리를 듣고 자연스럽게 행동하는 것이 중요합니다. 이렇게 행동함으로써 뜻하지 않은 성취와 풍요로움을 찾을 수도 있으니까요. 이는 마치 나무가 바람에 흔들리듯이 외부의 영향에 유연하게 반응하며 존재하는 것처럼 보입니다. 무언가를 강제로 이루려는 것이 아니라 주변의 환경에 대한 수용과 조화를 통해 성장하는 모습입니다. 무언가를 이루려 할 때, 느껴지는 부담과 스트레스를 줄이고 자연스럽게 일어나는 일들을 수용함으로써 삶은 더 풍요로워질 수 있습니다.

머물되 머무는 바 없이

다음으로 '머물되 머무는 바 없이'는 삶의 흐름을 적절하게 받아들이는 것과 지나치게 머무르지 않는 균형을 의미합니다. 삶은 지나가는 순간들의 연속이며, 우리는 종종 너무 서두르는 나머지 지나가는 풍경을 놓치곤 하죠. 그러나 반대로 무언가에 과도하게 머물면서 성취와 안정을 찾고자 하는 욕망은 우리를 매몰시키기도 합니다. 정리하자면 너무 서둘러 목표를 향해 달려가는 것도, 지나치게 머물러 강한 집착에 빠지는 것도 좋지 않다는 말입니다.

따라서 멈춰서 적절히 머무르며 현재의 순간을 깊이 살아가는 것이 중요합니다. 지나가는 풍경을 감상하고 현재의 순간을 소중히 여기면서 그 아름다움을 인지하는 것은 삶의 균형을 찾는 데 도움이 됩니다. 그 머무르는 순간을 소중히 여김으로써 내면의 평화를 찾아갈 수 있습니다. 우리는 노력과 휴식, 행동과 정지, 이루기와 받아들이기의 균형을 찾아가며 삶을 더 풍요롭게 만들어가야 합니다. 삶의 다양한 흐름을 받아들이고 순간의 아름다움을 놓치지 않음으로써 우리의 삶은 더 아름다워질 것입니다.

'하되 함이 없이, 머물되 머무는 바 없이'는 삶의 균형을 찾아가는 지혜를 상징합니다. 무턱대고 노력하거나 목표에 집착하는 것이 아니라, 내면의 소리에 귀를 기울이고 자연스럽게 행동하기를 권합니다. 너무 고요한 상태에서만 머무르지 않고 적당한 노력과 행동을 통해 삶을 채워나가면서도, 매몰되지 않고 순간을 즐기기를 권합니다. 우리가 삶의 다양한 흐름을 받아들이고, 순간의 아름다움을 놓치지 않는다면 보다 풍요로운 인생을 살아갈 수 있습니다. 마치 나무가 바람에 흔들리듯 자연의 흐름을 따라가면서 우리는 더 자유로워지고, 뜻하지 않게 찾아오는 삶의 아름다움을 발견하게 될 것입니다.

　'하되 함이 없이, 머물되 머무는 바 없이'라는 인생 철학은 우리에게 현명한 행동과 조화로운 삶을 추구하는 방법을 안내하며, 내적 안정과 풍요로움을 향한 문을 엽니다. 이를 통해 삶의 여정이 무엇보다 중요하며, 그 자체로 행복과 만족의 원천이 됨을 깨닫게 됩니다. 이 철학을 바탕으로 삶의 모든 순간을 의미 있게 만들어가며, 내면과 외면의 조화를 이루어 나가는 지혜를 향해 여정을 이어갈 수 있습니다.

일시 멈춤: 쉬어가기와 성장

지금까지 많은 지면을 할애해 내려놓는 삶에 관해 이야기했습니다. 삶에서 내려놓기란 변화의 지혜이자, 유연함의 지혜이고, 성장과 발전의 지혜입니다. 생각을 내려놓음으로써 자유를 얻고, 탐욕을 내려놓음으로써 온전한 마음을 지키며, 과거와 미래를 내려놓음으로써 현재를 누리고, 완벽주의를 내려놓음으로써 참나를 찾을 수 있지요.

물론 갑자기 내려놓으려면 쉽지는 않을 것입니다. 하루아침에 할 수 있는 일은 절대 아니죠. 이제껏 지켜온 사회적 역할과 현실의 책임이 있는데 어느 날 갑자기 도를 깨친 현자처럼 살 수는 없으니까요. 저 역시 그동안 쌓아온 카르마, 그림자, 페르소나를 이해하고 욕심과 집착, 내 것이라고 여겨왔던 것들을 내려놓으려고 매일을 애쓰고 있습니다. 그렇다면 내려놓기를 하기 전에 먼저 '일시 멈춤'을 시도해보기를 바랍니다. 일시 멈춤은 자신을 돌아보고, 현재의 상황을 파악하며 다시 출발하기 위한 필요한 단계로 새로운 에너지를 충전하고 목표에 더욱 집중할 수 있도록 도와줍니다. 또 목표에 대한 고민이나 방향성 재설정을 위한 소중한 기회가 될 수도 있습니다.

일시 멈춤이 필요한 이유 중 하나는 자기 발견입니다. 계속해서 달려가다 보면 자신의 진정한 가치와 원동력을 잊기 쉽습니다. 일시 멈춤은 그 자리에서 내면과 소통하며 내가 누구인지, 무엇을 원하는지를 다시 확인하는 기회를 제공합니다. 또 다른 이유는 창의성과 효율성의 향상입니다. 살다 보면 심신이 지쳐 아이디어와 열정이 고갈될 수 있습니다. 이때 일시 멈춤은 피로와 스트레스로 가득 찬 삶에서 벗어나 숨을 돌리게 함으로써 마음의 여유와 새로운 아이디어를 얻을 기회를 제공하며, 그 결과로 창의성과 효율성을 높일 수 있습니다. 요컨대 일시 멈춤은 우리에게 무한한 가능성과 새로운 시작의 문을 열어주는 소중한 순간으로 남습니다.

특히 목표를 향해 쉼 없이 달려오느라 정작 자신을 돌보는 데 소홀했던 사람이라면 일시 멈춤을 적극 추천합니다. 우리는 누구나 힘든 순간에 부딪히곤 합니다. 일상의 과중함, 목표의 압박, 혹은 예상치 못한 어려움으로 한바탕 시달리고 나면 그때마다 일시적인 쉼표가 필요한 법입니다. 이런 때에 일시 멈춤은 자신을 위한 작은 자기 돌봄이자, 더 나은 방향으로 나아가기 위한 전략적인 선택입니다. 더 나아가기보다는 고요히 조금 쉬어야 하는 것이 중요할 때도 분명히 있습니다.

일시 멈춤이 무조건적인 타협이나 중도 포기를 의미하는 것은 아닙니다. 오히려 앞으로 나아가기 위한 필수적인 단계로, 내면의 강함을 다지고 새로운 가능성을 탐색할 기회입니다. 더 나은 자신을 위해 필요한 휴식이자 재충전의 시간이죠. 일시 멈춤을 통해 우리는 목표에 대한 열정을 유지하면서도 지쳐 있는 자신을 더 잘 이해하게 되고,

새로운 시작을 위한 준비를 갖추게 됩니다. 일시 멈춤이 끝나면 다시 출발해 나가면 됩니다. 그때까지 나 자신과의 대화를 통해 무엇이 중요한지를 깊이 생각해보고 나아가는 것이 중요합니다.

일시 멈춤은 마치 여행 중에 발걸음을 잠시 멈춰 풍경을 감상하는 듯한 경험이 될 것입니다. 빠르게 흘러가는 일상에서 멈춤의 순간은 마치 휴식처와 같습니다. 여유를 갖고 주변을 돌아보며 자아를 다시 발견하게 하죠. 새로운 에너지를 가득 충전하는 동시에, 더 나은 방향, 더 의미 있는 길로 나아가는 힘을 줍니다. 이런 의미에서 일시 멈춤은 단순한 휴식을 넘어, 자기 발견과 성장의 시작이 될 수 있습니다. 앞으로 펼쳐질 여러 도전을 마주했을 때, 이 소중한 일시 멈춤의 경험이 우리에게 힘과 지혜를 안겨줄 것입니다.

지금, 내려놓았나요?

모든 것을 가질 수 없다면, 반드시 어떤 것은 내려놓아야 합니다. 그것이 무엇이든, 우리는 모든 것을 가질 수 없고 모든 것을 이룰 수도 없습니다. '내려놓기'는 그 현실을 받아들이고, 새로운 목표를 향해 나아가는 것을 의미합니다.

왜 내려놓는 삶을 살아야 할까요?

우선 내려놓기는 자유의 상징입니다. 기나긴 삶의 여정에서 무거운 짐을 내려놓고 나면 우리는 마치 날개를 펼친 듯, 자유로운 상태에 도달할 수 있습니다. 가볍게 걸어가며 자유와 평온을 느끼는 시간을 갖게 되는 거죠. 과거의 실수나 아쉬움은 모두 내려놓고 새롭게 시작함으로써 스스로 자신에게 용서를 선물합니다. 내려놓기는 우리에게 새로운 길을 열어주며 진정한 자유의 상징이 됩니다.

또 내려놓기는 자기 존중의 표현이기도 합니다. 우리는 늘 완벽한 존재가 아니기에 어떤 것은 내게 맞지 않을 수 있습니다. 맞지 않는 것을 억지로 우격다짐으로 어떻게든 맞추려고 한다면 이는 스스로 자신을 존중하지 않는다는 의미입니다. '내려놓기'로써 자신을 존중하고 나아가는 것이 중요합니다. 자신을 존중하며 내려놓음으로써 불필요

173

한 부담에서 해방되고, 새로운 가능성과 성장을 향한 여유를 찾을 수 있습니다.

마지막으로 내려놓기는 우리 삶에 희망의 문을 열어줍니다. 한쪽 문을 닫으면 다른 쪽 문이 열리듯, 어떤 것을 내려놓으면 더 나은 가능성이 찾아올 수 있습니다. 이 가능성은 곧 새로운 기회를 의미합니다. 즉 '내려놓기'는 포기가 아니라, 더 나은 미래를 위한 한 걸음입니다. 내려놓기는 미래의 불투명한 길을 밝혀주는 랜턴처럼 우리에게 방향성을 제시해줍니다. 내려놓음으로써 더 큰 희망과 목표를 향해 나아갈 수 있게 되죠. 내려놓음은 우리에게 힘을 주고, 끊임없는 성장과 발전의 문을 열어줍니다.

지금, 내려놓았나요?

이 질문은 마음의 안식과 변화의 시작을 의미합니다. 마음 깊은 곳에서 자신을 되돌아보게 하는 시작점이 되죠. 지금, 내려놓은 것이 있다면 그것은 곧 새로운 시작의 신호가 될 것입니다. 그 순간의 중요성을 놓치지 말고, 내면의 소리를 듣고, 나아가는 용기를 가지기를 바랍니다. 더불어 지금, 내려놓은 것이 있다면 우리는 이미 변화의 첫걸음을 내디딘 것입니다. 이는 결코 쉽지 않은 선택이지만, 그 선택은 우리에게 더 큰 자유와 평온을 안겨줄 것입니다. 잊지 마세요. 내려놓기는 단순한 포기가 아니라, 새로운 시작을 의미합니다.

이제, 손에서 내려놓은 것이 무엇이든 그 남은 빈자리에 새로운 것을 받아들여야 합니다. 일단 내려놓았다면 이미 새로운 경험과 가능성을 만날 준비가 된 셈입니다. 내려놓았다면 받아들이기는 강요가 아닌 자연스러운 흐름을 따라가는 것입니다. 변화와 성장을 수용하며 더 나은 방향으로 나아갈 기회를 의미하죠. 받아들이기는 우리에게 내려놓음에서 비롯된 자유와 평온을 증폭할 수 있습니다. 지금 내려놓았다면, 새로운 시작을 향해 나아갈 준비가 되었다는 확신으로 마음을 가다듬어 봅시다.

받아들이는 삶

신이시여,
바꿀 수 없는 것은 받아들이는 평온함을
바꿀 수 있는 것은 바꾸는 용기를
또한 그 차이를 구별하는 지혜를 주옵소서.

— 라인홀드 니부어(Karl Paul Reinhold
Niebuhr)

제7장

받아들이기: 변화를 위한 길

내려놓았다면 이제 받아들여야 할 때입니다. 우리는 내려놓음으로써 무언가 새로운 것을 받아들일 수 있는 자리를 만들어냅니다. 받아들이기는 새로운 삶의 문을 열어가는 시작입니다. 내려놓고 받아들이는 과정을 통해 더 나은 자아를 찾아가며, 삶의 다음 페이지를 기대할 수 있습니다.

이 장은 받아들이기라는 변화를 경험하고 수용하는 과정에서 우리의 마음과 태도가 어떻게 변화하는지, 삶을 어떠한 마음가짐으로 대해야 하는지를 탐구합니다. 변화에 대한 저항을 극복하고 변화를 활용하여 성장하는 방법을 살펴냅니다. 삶의 여러 측면에서 받아들이기의 원리를 적용하는 데 실용적인 조언들을 담았으니 독자들이 필요한 인사이트를 얻게 되기를 바랍니다.

받아들이는 것은 곧 여는 것입니다

'마음이 곧 날개'라는 말이 있습니다. 날개가 크면 더 먼 곳까지 날아갈 수 있으니 마음이 큰 만큼 세상도 넓겠지요. 하지만 마음의 벽을 허물지 못하면 날개가 펴지지 않고, 바다가 주어져도 자유로움을 느끼지 못합니다.

한 아이가 아버지에게 작은 물고기를 선물로 받았습니다. 아이는 물고기를 어항에 넣고 키웠는데 물고기가 자라는 데 맞춰 몇 차례 더 큰 어항으로 바꾸어주었습니다. 하지만 물고기는 계속 자랐고, 헤엄 치다가 어항의 내벽에 부딪히는 일이 반복되자 스트레스를 받았습니다. 어느 순간 물고기는 제자리에서 맴도는 생활에 싫증이 났는지 더 이상 헤엄치지도 먹지도 않았습니다. 이를 본 아이는 물고기를 불쌍히 여겨 바다로 돌려보냈습니다. 마침내 물고기는 넓은 바다를 자유롭게 헤엄칠 수 있었지만, 웬일인지 기분은 썩 좋지 않았습니다. 이를 본 다른 물고기 가 다가와 물었습니다.

"왜 그렇게 기분이 좋지 않아?"

"이 어항은 너무 커서 아무리 헤엄쳐도 끝까지 갈 수가 없어요!"

혹시 이야기 속의 물고기처럼 살고 있지는 않습니까? 어항 속에서 오랫동안 살다 보면 마음도 어항처럼 작아져 그 너머까지 다다를 수 없죠. 어느 날, 더 넓은 공간에 놓이더라도 마음이 너무 좁아진 나머지 어떻게 해야 할지 막막해집니다.

받아들이는 것은 곧 여는 것이고, 자신을 열려면 마음을 열어야 합니다.

마음을 여는 것이란 무얼까요? 자신과 타인, 사회 및 주변의 모든 것을 올바르게 대하는 능력이며, 자신의 직업과 주변 세계를 향한 관심입니다. 제가 지향하는 생활 태도이기도 하죠. 좀 더 구체적으로 말해 볼까요?

자신을 둘러싼 세상을 탐구하기를 즐기는 것, 새로움을 사랑하고 기존의 규범을 고수하지 않는 것, 고집불통으로 사고가 굳어지지 않는 것, 다른 사람과 기쁨, 행복을 나누고 고통, 슬픔을 달래는 것, 겸손함, 자신의 결정을 인정하고 타인의 의견을 긍정적으로 받아들이는 것, 다른 사람과의 교류를 즐기는 것, 기꺼이 책임을 지고 도전을 받아들이는 것, 강한 적응력으로 새로운 아이디어와 경험을 받아들이는 것, 새로운 환경에 빠르게 적응하는 것, 실패를 두려워하지 않고 어떠한 좌절에도 과감히 맞서는 것……

자신을 열지 않고는 발전과 성장은 물론이고, 새로운 것을 배우기도 불가능합니다. 열린 마음은 배움의 전제이자 소통의 기초이며 자신을 향상하는 출발점입니다. 조직에서 가장 성공한 사람은 늘 열린 마음을 가진 사람들입니다. 그들은 가장 빠르게 발전하고, 가장 환영받으며, 좋은 인간관계를 바탕으로 더 쉽게 성공의 기회를 얻습니다.

열린 마음을 가진 사람은 다른 사람의 의견을 적극적으로 듣고 자신과 주변을 개선합니다. 빌 게이츠는 회사 직원들에게 "고객의 비판이 돈을 버는 것보다 더 중요합니다. 고객의 비판을 통해 우리는 실패로부터 교훈을 얻고, 이를 성공의 동력으로 바꿀 수 있습니다"라고 말했죠. 빌 게이츠는 매우 개방적인 사람으로 회사 내 모든 사람이 자유롭게 말하고, 만약 다른 사람과 의견이 다르다면 겸허한 태도로 듣도록 했다고 합니다. 또 공개 강연하고 나면 항상 동료들에게 어디가 좋았거나 좋지 않았는지, 다음에는 어떻게 개선해야 좋을지 물어봤다고 합니다. 이것이 바로 세계 최고 부자의 태도이며, 그가 최고 부자가 될 수 있었던 잠재력이겠죠.

열린 마음은 우리를 자유롭게 만들어 더 멀리, 더 높이 날아가게 해줍니다. 반면에 닫힌 마음은 고인 물웅덩이 같아서 앞으로 나아갈 기회가 전혀 없습니다. 이런 의미에서 받아들이는 것은 곧 우리 삶에 무한한 가능성을 품게 하는 열쇠라 할 수 있습니다. 변화에 개방적이고 수용적인 자세는 새로운 경험과 성장의 문을 열어줄 것입니다. 우리는 종종 안전한 영역에서 벗어나 변화에 저항하는 경향이 있습니다. 그러나 받아들이기의 힘은 우리를 새로운 지평으로 이끕니다.

때로는 받아들이기가 불안과 두려움을 동반할 수도 있습니다. 그러나

이는 우리가 성장하고 발전하는 중이라는 증거입니다. 우리는 자기 발견이라는 새로운 도전에 뛰어들어야 합니다. 이는 자기 수용과 이해를 향한 여정으로 이어질 것이며, 이를 통해 우리는 더 나은 버전의 자신을 찾아가게 될 것입니다. 두려워하지 않고 받아들일 때, 우리는 무한한 가능성의 세계에서 펼쳐질 수 있는 모든 모습을 만나게 됩니다.

삶의 불확실성과 조화를 이루는 법

우리 삶을 통째로 뒤흔들었던 코로나 팬데믹은 삶이란 얼마나 불확실한 것인가를 새삼 깨닫게 하는 일대 사건이었습니다. 우리 뇌는 불확실한 것을 위협으로 간주합니다. 그래서 대부분 사람은 불확실한 일을 하는 위험을 감수하지 않고, 대신 어떻게든 확실성을 만드는 데 집중합니다. 직업의 불확실성이 실제로 실직하는 것보다 더 큰 스트레스를 일으킨다는 연구 결과도 있죠. 사람들이 항상 자신의 안전지대에 머무르는 까닭도 바로 불확실성에 대한 거부감 때문입니다.

문제는 우리의 삶이 늘 확실한 상황에 머물러 있을 리 만무하다는 데 있습니다. 삶은 늘 도전으로 가득 차 있습니다. 잔잔한 호수처럼 평온하던 삶도 느닷없는 변화에 세차게 요동치곤 하죠. 우리의 일상생활을 큰 혼란에 빠뜨리고 모든 계획을 완전히 파괴해버린 코로나 팬데믹를 떠올려 보세요. 우리는 이런 불확실성을 안고 살아가야 하므로 대처하는 법을 배울 수밖에요.

수학자 존 앨런 파울러스(John Allen Paulus)는 다음과 같이 말했습니다. 그의 말처럼 불확실성은 우리가 인생에서 절대 피할 수 없는 부분입니다.

"불확실성이야말로 삶에서 유일하게 확실한 것입니다. 불안함을 안고 살아가는 방법을 아는 것이 유일한 안전입니다."

일, 건강, 관계……, 이외의 거의 모든 측면에 불확실성이 존재합니다. 그것이 무엇이든 우리는 그것 때문에 늘 불안하고 초조하죠. 변화와 불확실성으로 가득 찬 이 시대에 우리는 이러한 감정에 대처하고 처리하는 법을 배워야 합니다. 불확실성에 익숙해지면 인생에 무한한 가능성이 열립니다. 저는 다음의 다섯 가지 방법을 제안합니다.

◇ 방법1. 불확실성을 받아들이기

우선 우리는 삶의 불확실성을 인정하고 받아들이는 법을 배워야 합니다. 불확실성을 받아들인다는 것은 미래에 대한 계획과 예측을 포기한다는 의미가 아니라, 불확실한 환경에서도 냉정함과 침착함을 유지하는 법을 배워야 한다는 것을 의미합니다. 이는 심신의 긴장을 풀고 미래에 대한 걱정과 불안을 줄임으로써 가능합니다. 불확실한 미래 때문에 마음이 요동친다면 명상이나 요가, 가벼운 산책을 통해 심신을 이완하는 것도 좋습니다.

더불어 우리는 불확실성을 배움으로써 그것에 더 잘 대처할 수 있습니다. 지피지기면 백전백승이라 하지 않았습니까? 자신이 처한 환경 환경을 이해하고, 확보할 수 있는 정보를 토대로 일어날 수 있는 상황을 최대한 예측하는 거죠. 학습, 독서 및 전문가 상담 등을 통해 지식과 기술을 향상함으로써 좀 더 단단한 마음으로 불확실성에 잘 대처할 수 있습니다.

◇ 방법2. 사고방식 전환하기

초점을 좀 더 긍정적인 쪽으로 옮겨야 합니다. 이미 이룬 성취, 감사할 일들을 생각하는 긍정적인 사고방식은 불확실성에 대한 불안과 걱정을 줄이는 데 도움이 됩니다. 어떠한 어려움과 도전도 극복할 수 있다고 믿는 긍정적인 마인드는 생활 속 불확실성에 더 잘 대처하는 데 도움이 될 것입니다.

이 방법에는 심리학적 기술을 동원해볼 수 있습니다. 예컨대 현재의 순간에 집중하고, 자신의 감정과 느낌을 받아들이는 방법을 배우기 위해 마음챙김 기술을 적용하거나, 인지 재구성 기술을 사용하여 부정적인 사고방식을 식별하고 변경해서 불안과 걱정을 줄일 수도 있습니다.

◇ 방법3. 소통 대상 찾기

삶의 불확실성에 직면했을 때, 우리는 이야기를 나누고 감정을 공유할 누군가가 필요합니다. 가족, 친구 또는 전문가에게 지원과 조언을 얻음으로써 불안과 외로움을 더는 데 도움을 얻을 수 있죠. 공통의 경험을 가진 사람을 찾아 그들의 감정과 경험을 공유받을 수도 있습니다. 자신의 감정과 요구를 더 잘 이해하고 불확실성에 대처하는 데 도움이 될 것입니다.

꼭 다른 사람과의 직접 교류가 아니어도 괜찮습니다. 몇 가지 기술적인 도구를 사용할 수도 있는데, 예컨대 온라인 소셜 플랫폼을 사용해서 비슷한 경험을 가진 사람들을 찾아볼 수도 있죠. 요즘에는 전문적인 지원과 조언 역시 온라인으로 코칭 및 심리치료 서비스가 가능하니 마음만 먹으면 얼마든지 할 수 있는 일입니다.

◇ 방법4. 통제력 향상

우리는 미래를 통제할 수 없는 대신, 통제할 수 있는 것에 대한 통제력을 키울 수는 있습니다. 일상에서 목표를 설정하고 이를 달성하기 위해 조치를 한다면 스스로 더 강력한 통제력을 갖추었다고 느끼게 되겠죠. 예컨대 체력 향상을 목표로 운동, 식단 및 수면 등 다양한 세부 계획을 세워서 지켜나가는 것입니다. 가장 쉽고 간단한 방법은 시간 관리인데요. 해야 할 일과 목표를 나열한 목록을 만들어서 하나씩 지켜나가며 효율성과 성과를 향상하는 방식입니다. 이러한 행동을 통해 우리는 불확실성에 더 잘 대처할 수 있다는 자신감과 능력을 키울 수 있습니다.

◇ 방법5. 재밋거리 찾기

불확실성은 우리를 지치고 우울하게 만들 수 있으므로 긍정적인 상태를 유지하려면 재미와 행복을 찾아야 합니다. 운동, 음악 듣기 또는 친구들과의 모임처럼 좋아하는 일을 시도해보세요. 제 경우는 영상 촬영과 편집에 재미를 붙여 유튜브 채널을 운영하고 있습니다.

이런 류의 활동은 심신의 긴장을 풀고 스트레스와 불안을 줄이는 데 도움이 됩니다. 일상의 재미와 즐거움을 찾으면서 스스로 자신을 더 행복하고 만족스럽게 만들 수 있습니다.

삶의 불확실성을 받아들이는 것은 변화와 조화의 출발점입니다. 불확실성은 분명히 우리의 통제 밖에 있는 부분이지만, 이를 받아들이는 것만으로 마음을 평화롭게 할 수 있습니다. 이상에서 소개한 다섯 가지 방법을 통해 불확실성의 한가운데에서도 조화로운 내면을 유지하며 행복하게 살 수 있기를 바랍니다. 이 방법들은 개인의 상황에 따라 적절히 수정, 변형해서 사용할 수 있습니다. 독자들이 많은 인사이트를 얻어 더 편안한 마음가짐으로 세상을 살아가기를 바랍니다.

일상에서의 받아들이기

　살다 보면 종종 우리가 얼마나 무력한 존재인지 새삼 느끼게 만드는 것들이 많습니다. 물가는 치솟는데 월급은 그대로이고, 빈부격차는 점점 더 커지기만 하며, 생활환경도 나아지기는커녕 더 열악해지는 것만 같죠. 문제는 우리에게는 이런 상황을 바꿀 능력이 없다는 것입니다. 가족의 해체, 사업 도산, 자연재해……, 이런 일들이 생기는데도 우리는 무력하기만 할 뿐입니다. 우리가 할 수 있는 일이라곤 오직 받아들이는 것뿐이죠. 그렇다고 낙담할 필요는 없습니다. 우리 일상에서 받아들이기는 최선의 선택이니까요.

　나이가 들수록 삶이 참 공평다는 생각이 듭니다. 저도 젊을 때는 불필요한 경쟁과 비교에서 오는 스트레스에 시달렸습니다. 그러나 나이가 더 들면서 사람은 저마다의 삶이 고유하며 각기 다른 과정을 거치고 있음을 깨달았습니다. 각자의 삶은 저마다의 색깔과 조각이 모여 완성되는 예술 작품이더군요. 모두가 서로 다른 고난과 기쁨을 안고 살아가기에 그 고유한 삶을 존중하며 받아들이는 것이 중요하다는 사실을 알았습니다. 아마도 나이가 들면서 더해진 고요함과 깊은 이해가 주변의 인생 여정을 더 존중하고 이해하는 마음을 자라나게 한 듯합니다. 또 나이가 들면서 삶의 무게를 더 잘 이해하고, 그 무게에 따라 부드럽게 휘어지며 살 수 있는 유연성을 찾게 되었습니다.

이제는 공평함이라는 개념이 상대적으로 훨씬 뚜렷하게 다가옵니다. 각자가 선택한 길과 그에 대한 책임, 그리고 각자의 행복을 위한 노력이 더 큰 의미를 갖게 되었죠. 지금은 더 많은 인내와 이해, 그리고 나 자신을 받아들이기 위해 노력하고 있습니다. 알고 보니 삶의 공평함은 외부의 환경에서 기대되는 것이 아니라 평온한 내면에서 찾아 나가야 하는 것이었습니다.

일상에서의 받아들이기는 삶의 소소한 순간들에서 내적 평온을 찾아 가는 과정을 의미합니다. 매일 반복되는 일상은 예상치 못한 도전과 갈등을 품고 있지만, 이를 받아들이는 것은 삶의 진정한 아름다움을 발견하는 첫걸음이 될 수 있습니다. 일상에서의 받아들이기는 어떻게 실천하면 좋을까요?

우선 주변의 아름다움을 발견할 수 있는 눈이 필요합니다. 일출과 일몰, 비가 내린 후의 무지개, 겨울 오후에 잠깐 느껴지는 따뜻한 햇볕……, 이런 것들은 자연이 우리에게 준 선물입니다. 가족, 친구나 동료 등과 함께 시간을 보내는 것도 좋습니다. 가족과 함께 맛있는 식사를 하는 것, 믿을 수 있는 친구들과 함께 모여 차를 마시고 이야기를 나누는 것, 사랑하는 사람과 함께 공원을 산책하는 것 등과 같은 평범하고 따뜻한 순간들은 우리 삶의 소중한 보물이자 자산입니다. 우리는 이 행복한 시간을 소중히 여기고 감사하는 법을 배워야 합니다. 우리의 삶을 더 다채롭고 풍요롭게 만들어 줄 테니까요.

또 우리는 삶에 대해 겸허한 태도를 유지해야 합니다. 치열한 경쟁이 펼쳐지는 이 사회에서 우리는 욕망과 불안에 사로잡혀 자아를 잃기 쉽습니다. 그러나 진정한 성공은 단순히 부와 지위를 갖는 것이 아니라 내면의 충실함과 성장에 달려 있습니다. 겸허한 자세를 유지하며 끊임없이 배우고 발전해야 합니다. 타인의 장점으로부터 영양분을 얻고, 우리 자신의 단점으로부터 교훈을 얻어야 합니다. 이 과정에서 우리는 진정한 자아 향상과 가치를 실현할 수 있습니다.

마지막으로 우리는 마음을 다스리는 법을 배워야 합니다. 삶에는 항상 좌절과 어려움이 있고, 우리는 이러한 외부 요인을 통제할 수 없습니다. 하지만 이에 대처하기 위해 마음을 다스릴 수는 있죠. 긍정적이고 낙관적인 마음가짐은 우리가 어려움 속에서도 희망을 보고, 좌절 속에서도 성장할 수 있게 합니다. 어려움에 직면했을 때, 생각을 바꾸고 긍정적인 시각으로 문제를 보세요. 자신과 타인의 능력을 믿는다면 어려움을 극복할 수 있는 동기와 자신감이 생길 것입니다.

치열한 경쟁이 펼쳐지고 시시각각 급변하는 이 세상에서 우리는 끊임없이 인생을 깨닫고 삶의 아름다움과 불완전함을 발견해야 합니다. 내면의 사랑을 키우고, 세상을 포용하고, 행복한 시간을 소중히 여기며, 겸허한 마음가짐을 유지하면서 자신을 다스림으로써 인생의 길을 더 넓게 갈 수 있습니다. 더 많은 성장과 기쁨도 당연히 뒤따라 오겠죠.

일상에서의 받아들이기는 작은 순간들을 크고 유의미하게 만들어줍니다. 더불어 내면의 평화와 만족을 찾아가는 중요한 단계이기도 합니다. 일상적인 순간들을 의식적으로 받아들이고 감사하며, 예상치 못한 변화에 유연하게 대처함으로써 우리는 더 다채롭고 풍요로운 일상을 창조할 수 있습니다.

중년의 큰 지혜

사람은 삶의 여러 단계를 거치며, 각 단계는 우리 삶에서 서로 다른 의미를 갖습니다. 중년이 되면 세상의 풍랑을 겪으며 삶의 경험이 풍부해지고, 인생에 대해서도 이전과는 다른 깨우침과 지혜를 얻을 수 있습니다. 물론 모두가 그렇게 되는 것은 아니죠. 여전히 각종 집착과 욕망으로 뒤엉킨 삶을 살면서 부단히 애를 써봐도 사는 게 좀처럼 뜻대로 되지 않고, 삶이 만족스럽지 않은 사람도 적지 않습니다.

사람이 중년이 되면 자신의 삶을 제대로 바라볼 수 있는 큰 지혜, 즉 '받아들이기'가 필요합니다. 그렇다면 무엇을 어떻게 받아들여야 할까요?

가장 먼저 삶의 불완전함을 받아들일 줄 알아야 합니다. 중년이 되기 전에는 자기만의 이상이 있고, 추구하고픈 것이 있으며, 매사를 생각대로 하고 싶어 합니다. 끊임없이 완벽을 추구하며 원하는 삶을 추구하죠. 하지만 시간이 지나면서 인생은 뜻대로 되지 않는 일이 십중팔구이며 누구도 완벽한 삶을 누릴 수 없음을 깨닫게 됩니다. 이상과 현실은 항상 크게 다른 법입니다. 그러한 괴리가 존재하기 때문에 뭘 해도 내키지 않고, 타인을 시샘하고, 세상에 분노합니다. 머릿속은 어떻게 하면 더 나아질 수 있는지에 관한 고민이 가득합니다.

얻을 수 없는 무언가를 애타게 갈망하며 밤낮으로 한탄하기도 하죠.

이처럼 얻을 수 없는 것을 좇다 보면 가지고 있는 것을 잊어버리는 경우가 많습니다. 《도덕경》에 '지족상락, 능인자안(知足常樂 能忍自安)', 즉 '만족할 줄 알면 항상 즐겁고, 능히 참으면 스스로 편안하다'라는 말이 있습니다. 정말 그렇지 않습니까? 우리가 삶에서 지족상락을 실현하려면 무의식의 관성을 깨는 의식의 존재가 되어야 합니다. 쾌락을 좇으며 관성적으로 일상생활을 할 것이 아니라 평범한 일상을 의식적으로 새롭게 보면서 연구해야 그 소중함을 알고, 평범 속의 비범함을 발견할 수 있습니다. 차이점을 용인하고 옳고 그름에 대해 논쟁하지 않아야 합니다. 눈앞의 것을 소중히 여기고, 내 삶의 아쉬운 점을 받아들이고, 가진 것을 마음으로 대하는 법을 배워야 합니다.

또 우리는 다름을 받아들여야 합니다. 중년 이전에는 자기 생각이 가장 중요해서 다른 사람의 생각을 바꾸고 그 자리에 내 생각을 주입하고 싶습니다. 사람들을 끌어모으고 일종의 진영을 형성하려고도 하죠. 어떤 일은 그냥 넘어가는 법이 없이 꼭 다른 사람들과 옳고 그름을 논쟁하거나 우열을 가리려고 합니다. 하지만 시간이 흐르면서 사람의 생각이야말로 가장 바꾸기 어려운 것임을 차차 깨닫게 됩니다.

사람마다 인생에 대한 생각과 개념이 다르고 일하는 방식도 다른데 절대적인 옳고 그름이 있을까요? 남에게 나와 같기를 강요할 필요는 없습니다. 사람 사귐도 편안함만 있으면 되지, 지나친 결탁은 서로를 피곤하게 만들 뿐입니다. 사람마다 다름을 받아들이고 시시비비를 따지는 일을 줄여야 합니다. 다른 사람들의 차이점을 더 많이 용납하고, 옳고 그름에 대해 덜 논쟁하는 법을 배우십시오. 모든 사람은 자신의 삶을 가지고 있고 자신의 의견을 표현할 수 있으며, 이에 동의할지는 전적으로 개인의 생각에 달려 있습니다.

마지막으로 무심함을 받아들이세요. 젊은 시절에는 다른 사람들이 나를 좋게 봐주기를 바랍니다. 때로는 남들에게 추켜세워지며 허영심과 만족감을 만끽하기도 하죠. 그 바람에 점차 타인의 평가에 지나치게 신경 쓰면서 자신을 잃어버리고 불안과 혼란에 빠집니다. 혹여 다른 사람이 나를 조롱하거나 비아냥거리면 밤새 뒤척이며 잠들지 못하고, 불같이 화를 냈다가 심지어 스스로 자신을 의심하기도 합니다. 말이야말로 가장 해로운 무기인데 피하지 못하고 자신을 위기로 몰아갑니다.

중년이 되면 주변의 말들과 화해하는 법을 배워야 합니다. 좋은 말이든 나쁜 말이든 대부분 타인의 일시적이고 단편적인 즐거움일 뿐임을 알아야죠. 남의 말에 따라 살아가고, 남의 말에 의지하여 자신의 가치를 얻는다면 끝없는 나락으로 떨어질 뿐입니다. 스스로 자신에게 물었을 때, 당당하게 "잘하고 있다!"라고 말할 수 있을 정도면 충분합니다.

삶은 힘겨운 싸움입니다. 중년 이전에는 젊고 활력이 넘쳐서 그 힘으로 삶을 살아갔지만, 중년 이후에는 '적당한 힘과 노련함'으로 삶을 다루는 법을 배워야 합니다. 노련함으로 힘을 빼야 더 편하게 살면서 지치지 않을 수 있습니다.

삶의 불완전함을 인정하고, 다름을 용인하고, 무심함을 받아들이세요. 이야말로 중년의 큰 지혜입니다.

자기초월: 더 높은 목표를 향한 여정

심리학자 매슬로우(Abraham H. Maslow)는 인간의 욕구를 다섯 단계로 정리해 제시했습니다. 그에 따르면 인간의 욕구는 그 중요도에 따라 낮은 수준의 욕구부터 높은 수준의 욕구로 일련의 계층을 구성합니다. 여기에서 하위의 것이 충족되면 상위의 것을 욕망하는 것이 인간의 본능입니다. 매슬로우가 말한 '인간 욕구 5단계'는 다음과 같습니다.

◇ 매슬로우의 인간 욕구 5단계

·제1단계. 생리적 욕구: 의식주와 관련된 생명을 유지하는 욕구, 배고픔과 갈증을 해소하려는 욕구

·제2단계. 안전의 욕구: 안전감과 안정의 욕구, 위험과 공포, 사고, 박탈 등으로 안전하고자 하는 욕구

·제3단계. 소속과 사랑의 욕구: 타인으로부터 사랑을 받기를 원하며 집단에 소속하기를 바라는 욕구

·제4단계. 존중의 욕구: 자존감, 성취, 유능함, 자아존중 및 타인에게 인정과 존중받고자 하는 욕구

·제5단계. 자아실현의 욕구: 자신의 잠재력을 최대한 개발하고자 하는 욕구

마지막 단계인 자아실현을 충족한 사람은 자신의 잠재적인 능력을

최대한 발휘해 좀 더 가치 있는 삶을 살고자 노력합니다. 이런 노력을 위해 아름다움을 추구하며 심미적 욕구, 지식과 이해에 대한 욕구도 충족하고자 합니다.

'자기초월(self-transcendence)'은 인간 욕구 5단계에 추가된 개념입니다. 기존의 인간 욕구 5단계에서 최고 단계였던 자아실현보다 훨씬 높은 단계로서 가장 높고, 가장 포괄적인 수준의 인간 의식을 의미합니다. 인간이 단순히 자아를 충족시키는 것을 넘어, 보다 높은 가치와 의미를 찾는 욕구를 가리키죠. 예를 들어 자신의 자아실현을 넘어서 타인의 필요에 봉사함으로써 보다 큰 만족을 느낄 때 경험할 수 있는 것입니다.

매슬로우는 이 자기초월라는 개념을 통해 인간이 달성하고자 하는 높은 수준의 존엄성과 행복을 강조했습니다. 그에 따르면 인간은 단순히 기본적인 욕구만을 채우는 것이 아니라, 창의성, 자기계발, 사회적 기여와 같은 더 높은 목표를 추구하는 것이 중요합니다.

이렇듯 자기초월은 자기 자신을 뛰어넘는 경험과 성장을 의미합니다. 그러나 이러한 초월적인 경험은 때로 어려움과 도전을 수반합니다. 불확실성과 도전에 대한 두려움을 이겨내는 것도 필요하고요. 이처럼 높은 목표를 향해 나아가려면 실패와 난관에 부딪혔을 때, 이를 받아들이고 긍정적인 방향으로 나아가는 것이 중요합니다. 받아들이기는 새로운 경험을 통해 인생의 다양성을 수용하는 과정을 말하니까요. 우리는 자기초월을 통해 새로운 시야를 확장하고, 더 높은 의미를 찾는 여정에서 받아들이기의 중요성을 깨달을 수 있습니다. 또 받아들이기를 통해 우리는 자기초월 욕구를 실제로 경험하며, 자아를 향상하고 발전하는 과정에서 성취감을 느낄 수 있습니다.

매슬로우는 자기초월 이론에서 단순히 삶의 물질적인 측면뿐 아니라 정신적, 정서적인 영역에서도 높은 차원의 만족을 얻는 것을 강조했습니다. 이는 받아들이기를 통해 일상적인 것들에 대한 더 높은 수준의 인식과 감사함을 발견하는 것과도 일맥상통합니다. 또 자기초월은 자신과 타인, 그리고 환경과의 조화를 통해 이루어집니다.

우리는 자기초월의 길을 걷는 동안 마주하게 되는 모든 경험을 긍정적으로 받아들이는 것이 얼마나 중요한지 깨달아야 합니다. 어떤 도전도 우리의 성장과 깨달음으로 이어질 수 있음을 이해하며, 그 과정에서 존엄성과 행복을 찾아가는 것이 바로 받아들이기의 핵심입니다.

요컨대 매슬로우의 자기초월 이론과 받아들이기는 더 높은 목표를 향해 나아가는 여정에서 상호보완하는 개념이라 할 수 있습니다. 받아들이기는 자기초월을 향한 여정에서 타인과의 관계에서 비롯한 갈등이나 어려움을 받아들이고, 서로 다른 가치와 의견을 존중하는 과정이 됩니다. 이를 통해 우리는 더 나은 삶과 깊이 있는 만족, 더 큰 가치와 의미를 찾아내며 자기를 초월하는 과정에서 성장하고 발전할 수 있습니다.

몸을 입은 자는,
죽이지도 않고 죽임을 당하지도 않는다.
몸을 입은 자는,
태어난 적이 없으며 죽지도 않는다.
몸을 입은 자는,
결코 변하지 않는다.

태어나지도 않고, 변하지도 않으며, 태곳적부터
존재한, 영원한 몸을 입은 자는,
육체가 죽는다고 해도 죽지 않는다.

— 고대 인도 경전 《바가바드 기타》 중에서

제8장

'참나'를 만나다

'참나'는 형상이 없으나 그렇다고 아예 흔적이 없거나 관찰할 수 없는 것은 아닙니다. 우리가 만나고자 하는 마음만 있다면 분명히 만날 수 있습니다. 다만 근심과 미혹, 번뇌와 망상을 버려야 하겠지요. 이는 마치 바람을 보려면 공기가 흐르고 모래가 흩날리고 나무가 가지를 흔들려야만 비로소 바람을 볼 수 있는 것과 마찬가지입니다.

이 장에서는 에고, 무아, 참나로 이어지는 중요한 개념과 이해를 좀 더 심도 있게 탐구합니다. 이런 것들이 인간의 내면 성장과 깨달음, 더 평안한 내면, 더 행복한 삶을 꾸리고 살아가는 것에 어떠한 영향을 미치는지 보려 합니다. 부디 독자들이 마음의 문을 열어두고 그 속에서 흘러나오는 따뜻하고 순수한 감정들을 만나는 경험을 할 수 있기를 바랍니다.

가짜 나와 진짜 나

만약 누군가 자화상을 그려달라고 했다면 자신을 어떤 부분을 어떻게 그리겠습니까? 그냥 거울을 보고 그리면 되지 않냐고요? 글쎄요. 거울 속에 보이는 것은 분명히 나 자신이지만, 동시에 나 자신이 아닙니다. 거울에 비친 모습을 그려도 수많은 자화상 중 하나일 뿐이겠지요.

이름, 직업, 신체적 특징, 성격, 지위, 대인 관계, 인지적 지식, 감정적 욕구, 생각, 개념……; 많은 사람이 이런 요소들을 조합한 '나'를 자신이라고 여깁니다. 이 '나'가 과연 진짜 나일까요? 불가능하죠. 나를 조합한 요소들이 모두 변화무쌍한 것들이니까요. 내가 무엇인지와 내가 가지고 있는 것은 전혀 다른 두 가지임을 알아야 합니다. 불교에서는 현실의 '나'란 원인과 조건의 결과인 '가짜 나'일 뿐이라고 합니다. 모든 내적, 외적 조건이 시시각각 변화하며, 독립적이고 변하지 않는 '나'라는 것은 없다고 보는 거죠.

'가짜 나'는 일종의 심리적 개념입니다. 구체적인 형상도, 특정한 기준도 없죠. 상당히 많은 경우, 그것은 '내가 생각하는 나', '내가 보는 나', '타인이 보는 나'와 동일합니다. '가짜 나'는 상대적으로 외향적이고, 특정한 조건이 필요합니다. 이 조건이 충족되지 않거나 기대에 미치지 못하면 '가짜 나'의 존재감이 심각하게 손상됩니다.

현실 속의 나가 '가짜 나'라면 변하지 않는 '진짜 나'는 대체 어디에 있을까요? 바로 '가짜 나'에 있습니다. 참과 거짓이 동일한 셈이죠. 색(色)과 공(空)은 둘이 아니고 하나라 하지 않습니까! '진짜 나'는 독립적이며 불변합니다. 번뇌즉보리, '가짜 나'가 곧 '진짜 나'이며 한 가지 생각일 뿐입니다. '진짜 나'는 우리 몸의 영적 세계, 참되고 변하지 않는 본성과 진리를 가리킵니다. 인연과 상황에 따라 변하지 않고, 늘어나거나 줄어들지도 않으며, 생기지도 죽지도 않는 불변의 본성과 모습입니다.

'가짜 나'는 상황에 따라 변하는 우리 몸을 말하는 것으로 변하는 모든 것을 '가짜'라고 합니다. 여기에서 '가짜'란 대상 자체의 본질이 아니라, 대상의 거짓된 모습을 가리킵니다. 즉 환경에 따라 변화하는 우리 본성상의 모든 것은 가짜의 모습이지 실체가 아님을 의미합니다. 자연에서도 상황에 따라 변하는 모든 것은 허망하고 거짓된 모습이죠. 예를 들어 이슬은 해가 떠오르면서 서서히 수증기로 변해 사라집니다. 이 이슬방울이 상황에 따라 변하는 모습이 바로 우리가 말하는 가짜의 모습입니다. 상황에 따라 변하지 않는 이슬방울의 물성(物性)이 바로 진짜입니다.

사실 변하든 변하지 않든 모두 같은 것을 말합니다. '가짜 나'도 '진짜 나'도 여전히 본래의 나인 거죠. '가짜 나'와 '진짜 나'를 알게 된다면 그것이 곧 '나'입니다. 인생은 연극과 같습니다. '가짜 나'는 연극 속 인물일 뿐이고, '진짜 나'는 연극 밖의 배우입니다. 대다수 사람은 연극 속 인물에 몰입해 그처럼 살아갑니다. 하지만 이 두 인물이 다른 사람이라고 할 수는 없습니다. 연극 배우의 진짜 모습이 연극 속 인물에 숨겨져 있는 것처럼 모든 사람의 '나' 너머에는 '진짜 나'가 숨어져 있기 마련입니다.

더 이상 가짜와 진짜에 집착하지 않게 되는 것이 흔히 말하는 '무아(無我)'입니다. 무아란 내가 없는 것이 아니라, 나를 집착하지 않는 것이라 할 수 있죠. 이에 관해서는 이어지는 글들에서 자세히 다룹니다.

에고 vs. 참나

인간은 참으로 복잡한 존재입니다. 우리 모두의 마음 깊은 곳에는 많은 비밀과 모순이 숨겨져 있죠. 심리학 서적을 읽다 보면 '에고'나 '참나'라는 용어가 매우 빈번하게 등장합니다. 이미 앞에서도 몇 번 언급한 적 있죠. 다양한 각도에서 좀 더 자세히 이야기해 보겠습니다.

우선 철학적인 관점에서 에고는 사고와 의식이며, 개인의 주체성과 자유의지의 상징입니다. 참나는 한 사람의 내면적 본질이자 핵심의식이며, 에고를 초월하는 영적인 존재입니다. 철학에서 에고와 참나는 서로를 포괄하고 상호 배타적입니다.

심리적 관점에서 에고는 개인의 심리적 성격, 자기 평가 및 자아 개념에 대한 반영이며, 참나는 내면의 본질적 자아, 자존감 및 자기애입니다. 심리학에서 에고란 외적인 영향과 경험의 축적인 반면, 참나는 개인의 내적인 핵심 가치이자 자기 경험입니다.

사회학적으로 에고는 개인이 자신의 이미지를 구성하고 자신과 사회의 관계를 인식하는 것, 참나는 개인의 내적인 핵심 가치이자 개인과 전체 사회 간의 상호작용입니다. 에고와 참나의 관계는 개인이 에고를 완성하는 과정에서 내면의 참나와 접촉하고 내면의 균형과 조화를 찾으려고 끊임없이 노력한다는 것입니다.

마지막으로 종교적인 관점에서 에고는 인간의 원죄이자 부패이며 욕망, 오만, 자만과 이기심이 발현이고, 참나는 관용, 선함, 자비, 사랑과 믿음의 표현으로 인간의 아름다운 본질입니다. 종교에서는 사람이 자신이 한계와 인간의 조건의 무력함을 자각하고 참된 믿음을 추구하고 따르면 참나에 더 가까이 갈 수 있다고 봅니다.

정리하자면 에고와 참나는 인간의 마음 깊은 곳에 존재하는 두 가지 개념으로 서로 대립적이지 않으며 상호 보완하면서 영향을 주고받습니다. 에고는 현실의 제약과 불안으로부터 우리를 보호하려는 욕망입니다. 우리가 사회화하는 과정에서 형성되는 자아 정체성의 형태로, 한 사람이 수행하는 사회적 역할과 그가 표현하는 행동의 총합입니다. 참나는 한 사람이 자신을 인지하는 과정에서 보여주는 진실하고 완전한 인격입니다. 순수하고 자유로운 우리의 진정한 본질을 상징하며 무한한 상상과 창의의 세계를 제시합니다. 사회적 신분이나 역할보다는 개인의 개성을 드러내는 데 더 중점을 둡니다. 또 에고보다 더 입체적이고 종합적이며, 개인의 느낌과 감정을 더 쉽게 표현합니다.

에고에서 무아로

'에고'라는 말은 개인의 자의식, 자존감, 자기 중심성을 가리키는 라틴어 단어 'ego'에서 나왔습니다. 에고는 사람의 자존감, 자신감, 행동 방식에 커다란 영향을 미칩니다. 우리 내면에서 여러 욕구 사이의 균형을 맞추고 현실 세계에서 자신의 자아상을 유지하는 기능을 하죠. 에고는 사람의 개성과 배경에 따라 표현 형태도 다릅니다.

교장이 되었을 때, 저는 무척 기뻤습니다. 학교라는 조직 안에서 가장 높은 자리까지 올랐으니 아버지의 유훈을 실천했고 세간에서 말하는 명예를 이루었으니까요. 경제적으로도 부족하지 않은 수준에 이르렀고, 사랑과 건강도 얻었으며, 마지막으로 명예까지 남부럽지 않은 수준에 이르렀으니 이제 내게는 충만감과 평화만이 있으리라 생각했습니다. 이제야말로 이를 바탕으로 주변에 좀 더 베푸는 삶을 살면서 고상하고 우아하게 살 수 있으리라 믿었습니다.

하지만 얼마 지나지 않아 이른바 '명품 교장'이 되고자 하는 에고가 나를 충동질했습니다. 경제적 자유와 사랑, 명예까지 모두 얻었지만, 결핍에서 비롯된 욕망은 여전했습니다. 제 안의 에고가 욕망에 저항하는 저를 가만히 두지 않더군요. 신을 조롱한 죄로 무거운 바윗돌을 끝도 없이 산꼭대기까지 굴려 올려야 하는 시시포스가 떠올랐습니다.

에고가 과도하게 강해지면 스스로 삶을 무너뜨리는 원흉이 될 수 있습니다. 일반적으로 에고가 강한 사람은 '자기중심, 자기 우월, 자기 가치, 통제 욕구, 공감 부족, 고집불통, 비판이나 도전에 대한 취약함, 성공 추구, 공격적이거나 방어적 행동' 등으로 설명할 수 있습니다. 강한 에고는 매우 감정적이며 심리적 방어 메커니즘을 구축합니다. 이런 사람은 실수하는 느낌을 싫어하기 때문에 본능적으로 항상 반박하고 논쟁을 벌이려고 하며, 다른 사람이 나를 비판하면 화가 납니다. 또 복잡한 일에 직면하기를 두려워하므로 항상 문제를 단순화하려고 합니다. 이들은 문제 해결의 출발점이 현실을 직시하는 것이 아니라, 오직 '나, 나 자신'으로 가득 차 있는 에고입니다.

바로 이 '나'가 번뇌와 고통의 근원입니다. 삶에는 셀 수 없이 많은 고통이 있다고 하지만, 따지고 보면 모든 고통은 '나'가 있기 때문에 생겨납니다. 노자는 이를 두고 "우리에게 큰 근심이라는 것이 존재하는 까닭은 우리에게 몸이 있기 때문이다. 우리에게 몸이 없다면 어찌 근심이 있겠는가?"라고 말했죠.

불교에서는 '나'라는 존재는 '오온화합(五蘊和合)'이라는 거짓 자아 이므로 탐욕, 집착, 분노, 무지 등 윤회생사의 뿌리를 내포하고 있다고 봅니다. 이른바 오온화합이란 우리의 삶이 물질적 요소인 '색(色)'과 정신적 요소인 수(受, 심리적 수용), 상(想, 생각), 행(行, 행동), 식(識, 인식)이 결합하여 만들어졌음을 의미합니다. 그러니까 '나'는 오온의 일시적인 존재의 가합(假合), 즉 거짓된 결합일 뿐이며 원인과 조건이 맞지 않으면 모든 것이 속절없이 사라지죠.

그러나 보통 사람의 관념적 인식으로는 오온의 총합인 '나'가 영원하다고 믿기 때문에 그것을 자신의 참된 자아로 고수하여 집착하게 되고, 갖가지 욕심이 생겨나 고통의 긴 밤을 떠돌게 되는 것입니다. 따라서 우리가 '나'의 허망한 본성을 간파하고, 본래 모든 사물의 근본이 공허한 상태임을 깨달을 수 있다면 자연히 모든 괴로움을 초월할 수 있습니다. 이런 의미에서 '나'는 번뇌와 고통의 근원이며, '무아'만이 자유로운 경지입니다. 고정 불변하는 실체로서의 '나'가 없는 무아의 지혜가 있다면 지금 여러분을 괴롭히는 모든 고통에서 더 멀리 벗어날 수 있습니다.

그렇다면 속세를 사는 일반 사람들은 어떻게 무아를 실현할 수 있을까요? 아니, 그렇게 높은 경지까지는 아니어도 강하고 비대해진 에고를 다스릴 수는 있을까요? 어떻게 해야 할까요?

사실 무아는 어떤 경지가 아니라 단지 시각의 전환일 뿐입니다. 어떤 것을 볼 때 '나'라는 시각에서 보지 않고, 더 이상 '나'를 중심으로 만사를 헤아리지 않도록 합니다. '나'의 출현은 그 자체로 분별의 의미하며 나에 더 집중하게 만들어서 다른 관점의 간섭을 차단합니다. 어떤 일을 볼 때, '나'의 입장에서 선택하거나 좋고 나쁨을 판단하지 마세요.

이 일을 중심으로, 이 일과 관련된 모든 사람을 하나의 관점으로 삼아서, 이 일을 둘러싼 '원'에서 바라보아야 합니다.

더 이상 이익의 관점이 아니라 '직심(直心)', 즉 왜곡되거나 편협하지 않은 마음에서 출발해 움직입니다. 더 이상 이해관계를 위해 완전함을 추구하지 않으며, 더 이상 어떠한 신분을 보호하려 들지 않습니다. 우리가 알고 있는 모든 것은 서로 영향을 주고 협력하는 '나'들의 집합일 뿐입니다. 모든 것은 자연적으로 발생하는 것이니 단지 관찰할 뿐, 개입하지 않습니다.

관련된 일에 응답하고 반응을 보이겠지만, 고정된 입장을 내세우지는 마세요. 형태를 따르지 않으면 그 형태는 곧 사라지는 법입니다. 마치 여러 개의 퍼즐 조각을 전부 맞춰 놓으면 모든 '부분'은 사라지고 매끄럽게 흐르는 전체적으로 아름다운 그림만 보이는 것과 같습니다. 산은 이렇고, 물은 저렇고, 하늘은 파랗고, 여성 또는 남성은 이래야 하고, 성공은 얼마만큼을 벌어야 하고……, 이런 모든 신념이 구체적으로 투영되어 다시 하나로 통합된 욕망과 혼란이 우리를 괴롭히는 것입니다. 모든 것을 관용하고 받아들이기만 하면 더 편안하고 홀가분한 삶을 살 수 있습니다.

저 너머의 참나, 참나와의 동행

앞에서 에고, 즉 '나'라는 것은 실재하지 않으며 '나'로 가득 찬 세계에서 '무아'의 세계로 나아가야 한다는 이야기를 했습니다. 불교에서는 '제법무아(諸法無我)'라고 해서 모든 것은 인연으로 끊임없이 변화하고 생멸하므로 절대불변의 성질을 지닌 고정된 본체는 없다고 합니다. '나'라고 할 만한 실체가 없는데도 사람들이 '나'에 집착하는 그릇된 견해를 일으키므로 이를 없애는 무아를 강조하죠.

이 부분에서 무아와 참나의 개념이 충돌합니다. 여기에 두 가지 관점이 있는데요. 하나는 '제법무아'를 '나가 없음'으로 이해하여, 그렇다면 참나라는 개념도 애초에 존재할 수 없다는 것입니다. 다른 하나는 '제법무아'를 '나가 아님'으로 이해하는 것입니다. 그러니까 '제법(諸法)', 즉 우주에 있는 유무형의 모든 사물의 범위 안에서는 '나가 없음'이 맞지만, 제법 너머에 말로 표현할 수 없고 형언할 수 없는 참나가 있다는 해석이지요. 이 관점으로는 무아와 참나의 개념이 양립 가능하며 서로 충돌하지 않습니다. 저 역시 이 관점에 동의합니다.

참나와 무아는 모두 중요한 개념입니다. 지금까지 불교의 관점으로 설명했으니 이제 좀 더 다양한 각도에서 이야기해 보죠. 철학적 관점에서 볼 때, 참나와 무아의 차이는 그 의미와 정의에 있습니다. **참나는 한**

사람의 내면의 본질이며, 어떠한 외부 힘의 영향도 받지 않으며, 바꿀 수 없는, 타고난 것입니다. 무아는 의식의 해방으로, 개인의 자아를 초월해 자아 관념을 해체하고, 자기 구속과 번뇌에서 벗어나는 차원입니다. 참나는 사람이 세상에서 생존할 수 있는 기반이며, 무아는 나 자신이라는 차원에서 출발하여 더 높은 차원으로 나아가는 길입니다.

심리학적으로 볼 때, 참나와 무아의 차이는 사람의 내면세계와 어떤 관계인가에 있습니다. 참나는 사람의 본질인 내면에 있으며 우리의 인격과 가장 밀접하게 관련되어 있습니다. 이러한 연관성은 성격, 흥미, 취미 및 행동 등에 반영됩니다. 무아는 우리의 인격과 반대되는 존재입니다. 그것은 인격의 범주를 초월하는 보다 보편적인 개념으로, 다시 말해 자아(에고)를 없앤 후의 상태입니다.

마지막으로 영적 측면에서 참나와 무아는 상징적인 개념입니다. 신앙에 있어서 참나는 최고의 영적 믿음이자 영적인 추구이며, 무아는 우주의 자연법칙에 부합하는 선택입니다. 신앙의 관점에서 참나와 무아의 차이는 그들이 대표하는 신앙의 깊이가 다르다는 것이지만, 둘 다 모두 인류의 역사적 시대와 문화적 환경에서 태어났으므로 서로 다른 영성의 표현이라고 할 수 있습니다.

이상에서 참나와 무아에 대해 이야기했습니다. 처음 접하는 독자라면 다소 어려운 내용이었을 것 같습니다. 지금부터는 좀 더 현실적인 이야기를 해보죠.

장자는 인생을 일장춘몽(一場春夢)이라고 했습니다. 사람의 인생을 전반과 후반으로 나눈다면 전반은 꿈과 동행하는 시간이고, 후반은 꿈과 함께 잠드는 시간이라는 생각이 듭니다. 전반은 미래를 기대하고, 행복을 기대하며, 이상을 실현하기 위해 삽니다. 후반은 하루하루의 시간과 동행하며, 세월과 함께 머물면서 보냅니다. 사람은 누구나 살아가면서 더 진실해집니다. 점차 기대를 접고, 과거를 버리고, 자아도 형식도 없이 자유롭고 소탈하게 살기를 추구하죠.

반평생을 살아오면서 내려놓는 법을 배웠고, 수많은 우여곡절과 산전수전을 겪으며 강인함을 배운 덕분입니다. 인생의 절반은 경험이고, 절반은 성장하는 시간입니다. 경험하면 성장하므로 경험이 많을수록 성숙해지기 마련이죠. 사람을 변화시키는 것은 경험이며, 모든 혼란과 불안은 경험이 너무 적기 때문에 발생합니다. 성공 뒤에는 무수한 실패가 있고, 행복 뒤에는 오랜 고난이 있습니다. 평화롭기만 한 삶은 없으며, 그러한 삶의 고통은 자신만 아는 법이죠.

인생의 전반은 승패에 집중했다면, 후반은 마음가짐을 추구하며 살고 있습니다. 전반은 자아, 즉 에고의 힘이 컸고, 후반은 무아와 참나를 찾는 여정을 걷고 있습니다. 무아가 곧 참나입니다. 이것이 가장 큰 깨달음이겠죠. 자신을 너무 중요하게 생각하는 것이야말로 살면서 가장 경계해야 할 커다란 집착입니다.

참나를 찾아서

인생의 가장 큰 지혜는 자신의 원신(元神, 정신의식, 기억, 사유, 감정 등의 근원적 정신 기능)과 참나를 찾는 것입니다. 《도덕경》에서는 "남을 아는 사람은 지혜로울 뿐이며, 스스로 자신을 아는 자만이 진정으로 명철하다"라고 했습니다. 자신에 대한 인식의 깊이는 곧 세상에 대한 인식의 높이를 결정합니다. 사람이 자신을 완전히 이해하게 되면 세상을 완전히 이해하게 됩니다. 지금 세상을 이해하지 못하는 이유는 아직 자신을 이해하지 못했기 때문입니다. 세상에서 가장 긴 길은 자신만의 길을 찾는 것입니다.

앞에서 이야기했듯이 에고는 인간의 사회적 속성으로 현실의 원리 원칙을 따르며 이익을 좇아 움직이며 부와 권력, 지위와 명성을 추구합니다. 참나는 인간의 정신적 속성으로 도덕적 원칙을 따르고 이상을 추구하며 믿음, 사랑, 영혼 등과 같은 영적 정체성을 추구합니다.

현실적인 에고는 항상 장단점을 따지며 주변 사람과 자원을 계산합니다. 반면에 참나는 가장 높은 차원으로 묵묵히 곁에 있으며 조용히 동행합니다. 우리가 참나를 찾아 그 힘을 이용하면 신성한 도움을 얻게 되어 모든 일이 순조로워집니다. 이 세상에서 우리를 정말로 방해하는 것은 능력, 시간, 방법 같은 것이 아니라 오만, 편견, 감정,

편협함, 무지입니다. 이러한 내면의 악마들이 우리의 손발을 묶고 있죠. 오직 참나만이 진정으로 우리를 구할 수 있습니다.

참나를 알아보는 것은 비교적 간단한 경험입니다. 아무 생각도 없는 무념청명의 고요한 자각 아래에서 어떠한 외부 요인이 없이 순수하게 기쁨과 자비의 흐름을 경험하는 것입니다. 이런 감정을 느낀다면 바로 이 순간, 참나가 나타났다는 뜻입니다. 설명할 수 없는 감동이지요.

바쁜 생활 속에서 우리는 종종 지치고 길을 잃곤 합니다. 과학기술이 발전하고 더 여유로워질수록 더 많은 사람이 자신의 내면을 이해하고 진정한 목적과 의미를 찾고자 하죠. 즉 참나를 만나려는 마음입니다. 이러한 참나를 찾는 과정을 깨달음이라 하는데 깨달음을 통해 우리는 우리 자신을 더 잘 이해할 뿐 아니라, 더 행복해질 수 있습니다.

참나를 찾으려면 다양한 관점에서 살펴봐야 합니다.

첫째, 자기성찰을 통해 자신의 내면을 들여다볼 필요가 있습니다. 자신의 관심사, 취미, 성격적 특성, 인생 경험 등에 대해 깊이 생각함으로써 점차적으로 자신을 인식할 수 있습니다. 사고와 성찰을 통해 우리는 조건과 환경에 맞는 가장 적합한 길을 찾을 수 있습니다.

둘째, 참나를 찾으려면 외부 환경으로부터 시작해야 합니다. 우리의 성장과 성숙은 외부의 영향과 불가분의 관계입니다. 책을 읽고, 유익한 조언을 듣고, 정보를 교환함으로써 영혼을 더 풍요롭게 할 수 있습니다.

예컨대 여행을 좋아한다면 아름다운 풍경 속을 걷고 자연의 소리에 귀를 기울이고 천천히 자신의 방향을 찾아보기를 바랍니다. 또 심신의 수련을 통해서도 참나를 찾을 수 있습니다. 명상, 요가, 그림 그리기, 글쓰기, 조깅 등의 활동은 스트레스를 줄이고 심신의 균형을 맞추는 데 도움이 됩니다. 이러한 활동은 사람들을 조용하게 만들고 삶의 의미와 목표에 대해 더 잘 생각하게 하며 참나에 더 가까워질 수 있습니다.

마지막으로 참나를 찾으려면 일정한 시간과 경험이 필요하다는 이야기를 하고 싶습니다. 귀중한 참나를 찾는 일이 하루아침에 될 리 만무하죠. 삶의 경험은 우리를 더욱 현명하게 만들고 삶의 참뜻을 깨닫게 합니다. 지속적인 경험이 축적되어야만 점차 참나를 인식할 수 있습니다.

참나를 찾는 과정은 깨달음의 과정입니다. 참나를 찾아야 우리는 진정으로 삶을 즐길 수 있으며 자신의 삶의 의미와 가치를 찾을 수 있습니다.

모든 인간에게는 두 가지 속성이 있다.

하나는 어둠 속에서도 깨어 있는 사람이고,
다른 하나는 빛 속에서도 자는 사람이다.

— 칼릴 지브란(Kahlil Gibran)

제9장

지금 현존하고 있습니까?

내려놓기와 받아들이기, 이 두 가지는 나를 일깨우고 진정한 행복을 찾아 떠나는 과정입니다. 처음 들으면 어렵게 느껴질 수 있지만, 실제로는 아주 즐거운 여정이지요. 이 즐거운 일을 더욱 즐거이 할 수 있게 만들어주는 것이 바로 '현존'이고 '깨어남'입니다. 이 두 가지야말로 진정으로 자유와 행복을 찾는 열쇠입니다.

이 장에서는 마음의 상처를 치유하고, 소란스러운 마음을 고요히 하며, 참된 행복을 누리게 해주는 '현존'과 '깨어남'을 소개합니다. 부디 이 글이 깊이 현존하며 깨어 있는 삶을 살도록 돕는 친절한 안내문이 될 수 있기를 간절히 바랍니다.

현존이라는 기다림

마음공부를 하다 보면 '현존(現存, presence)'에 대한 이야기가 흔히 나옵니다. 그토록 중요하다는 현존은 대체 무슨 뜻이며, 무엇을 어떻게 하는 것일까요? 현존은 어떤 경험과 느낌일까요?

간혹 현존을 매사에 집중하고, 자신이 무엇을 하고 있는지 정확히 아는 것으로 이해하는 사람들이 있습니다. 이 역시 좋은 태도이나 여전히 외적인 인간과 사물에 초점을 맞추고 있으니 자기 본질을 깨우치는 데는 별 도움이 되지 않습니다.

현존은 매사에 집중하는 것이 아니라, 자신의 본성을 분명히 보는 것을 의미합니다. 자유롭고 명확하며 진실한 자아가 드러나는 순간, 어디에 있든, 무엇을 말하고 행하든, 혹은 아무 말이나 일을 하지 않아도 모두 현존한다고 할 수 있습니다. 만약 자신의 본성을 전혀 알지 못하거나 세속적인 가치관에 왜곡되어 마음이 감정과 욕망으로 가득 찼다면, 아무리 지금이라는 순간에 집중하더라도 현존했다고 말할 수 없습니다.

'집중'을 존재감으로 착각하지 마세요! 사실 저는 '집중'이라는 말을 그리 좋아하지 않습니다. 사람은 의도적으로 집중하려고 할 때, 가장 많은 에너지를 소모하기 때문입니다. 다른 생각은 하지 않으면서 오직 집중해서 책을 읽고, 집중해서 일하……, 이런 식으로 모든 행동을 집중해서 한다면 나중에는 오히려 더 피곤하게 될 것입니다. 저는 모든 일을 육체적, 정신적으로 편안한 상태에서 하는 것을 선호합니다.

현존은 온 정신과 주의력을 현재에 둔 상태로 다른 생각이나 의견, 과거의 기억, 미래에 대한 기대 등이 끼어들지 않습니다. 매우 평온하고 차분한 상태로 머리와 사고에서 해방되어 자유로워집니다. 당부하고 싶은 것은 현존이란 생각해 내는 것이 아니라는 사실입니다. 머리를 써서 현존을 생각하는 것은 잘못된 방법입니다. 현존의 상태를 이해하고 싶다면 자신을 바로 그 현존의 상태에 있도록 만들어야 합니다.

주의력이 조금만 느슨해지면 생각이 허점을 타고 들어와서 현존을 방해합니다. 이렇게 되면 더 이상 평온하지 않아 현존할 수 없게 됩니다. 따라서 반드시 자신의 몸과 마음에 경각심을 가져야 합니다. 생각이라는 야생마들이 나를 빼앗아 쏘다니지 못하게 하고, 현존감이 나무처럼 깊은 땅속까지 단단히 뿌리내리도록 해야 합니다. 이렇게 해야만 가능한 한 평온하게 현재의 순간에 있을 수 있습니다.

어쩌면 현존은 기다리는 것일지도 모른다는 생각이 듭니다. 이 기다림은 우리가 평소에 흔히 말하는 그런 기다림이 아니라, 현재의 모든 것에 초점을 맞추고 매 순간에 머물러야 한다는 의미입니다. 바로 이 모든 현재에 완전히 몰입해야만 합니다. 그래야 마음의 백일몽, 과거의 기억이나 미래에 대한 기대 따위에 휩쓸리지 않을 수 있습니다.

온몸의 모든 세포가 현재를 향해 있고, 과거에 연연하거나 미래를 걱정하지 않아 깨어 있는 상태로 예민해야 비로소 온전한 자신이 될 수 있습니다. 현존이란 더 높은 의식 공간이 열린다는 것을 의미합니다. 불교에서는 이를 두고 돈오(頓悟), 즉 '단박 깨침'이라고 합니다. 오랜 시간에 걸쳐 하나하나 단계적으로 깨달아 올라가는 것이 아니고, '찰나 간 단박에 모든 것을 깨닫는 것' 또는 '곧장 깨달음의 경지에 도달하는 것'을 의미하죠. 사실 우리는 이미 수없이 그것을 경험했습니다. 미처 깨닫지 못했을 뿐이죠.

기억해 봅시다. 자연의 아름다움과 신성함을 어떻게 인식하고 감상해 왔습니까? 밤하늘을 올려다보며 그 고요함과 광활함을 어떻게 감탄했 던가요? 숲속의 샘물 소리나 새들의 노랫소리에 어떻게 귀를 기울였나 요? 머리와 생각을 사용했나요? 아니죠. 고요한 마음으로 심호흡을 하고 조용히 몸으로 느꼈습니다. 지금 이 순간으로 완전히 몰입해야 자연의 아름다움과 위대함을 진정으로 체험할 수 있으니까요. 우리가 자연과 가까이 지내는 것을 좋아하거나 휴식을 위해 여행을 떠나는 이유는 이런 일에 머리와 생각의 개입이 필요하지 않기 때문입니다.

진정으로 현존하고 고요해야만 모든 아름다운 것의 내면의 본질을 깊이 느낄 수 있습니다. 외적인 형태의 아름다움을 초월하는 그것은, 말로 형용할 수 없지만 더 깊고 신성하여 우리 마음에 깊이 새겨질 것입니다.

현존 Q&A

처음 현존이라는 개념을 접하면 알 듯 모를 듯, 쉬운 것 같으면서도 아닌 것 같고, 하면서도 이게 맞나 싶은 때가 있습니다. 저 역시 그랬죠. 여기에서는 저를 비롯해 현존을 처음 접하는 분들이 자주 가지는 의문점을 Q&A 형식으로 이야기하려고 합니다. 독자 여러분의 현존을 위한 유익한 가이드가 될 수 있기를 바랍니다.

Q1. 현존에 대한 설명을 들으면 들을수록 그냥 멍하니 있는 것과 뭐가 다른가 싶습니다. 아무 생각이 없이 그냥 느끼라니, 멍하니 있는 것과 현존은 어떻게 다른가요?

A1. 멍하니 있는 사람은 감각이 둔합니다. 주의력이 약해져 흐리멍덩하고, 졸리며, 어떤 자각이 없습니다. 반면에 현존하면 깨어 있고 매우 예리한 자각이 존재하는 동시에 여유롭고 평화로워집니다.

Q2. 그럼 현존과 명상은 어떻게 다른가요?

A2. 명상은 일정한 지향성이 있어서 내면에 어떤 그림이 그려져야 합니다. 내면의 상상 속 그림을 만드는 것이 명상이라고 할 수 있습니다. 이에 반해 현존은 사실 굉장히 간단합니다. 그냥 자신을 완전히 현재에 있게 하는 것입니다. 현존하며 깨어나는 것이죠. 계속 현존의 상태를 유지하면 결국 완전히 깨어날 수 있습니다. 어디서 깨어나냐고요?

고통과 번뇌에서 깨어나고, 자신의 패턴에서 깨어나는 것입니다. 이것이 바로 우리가 현존해야 하는 이유입니다.

Q3. 현존해야만 제대로 사는 걸까요? 현존하지 않으면 삶이 무의미할까요?

A3. 우리가 이 세상을 살아가기 위한 선택지는 단 두 가지뿐입니다. 하나는 현존하는 것이고, 다른 하나는 자신의 생각 속에 살면서 에고에 의해 조종되는 것이지요. 확실한 것은 에고에 조종당하는 한, 우리는 계속해서 자신에게 고통과 문제를 일으킨다는 사실입니다. 에고가 만들어내는 문제는 압도적이고, 끝이 없고, 지속적이며, 너무 고통스럽습니다. 괴로움을 없애고 행복을 얻으려면 이런 고통에서 완전히 벗어나야 합니다. **더 이상 고통을 만들고 싶지 않다면 가장 좋은 방법은 현존하는 것입니다.**

현존하는 것과 현존하지 않는 것은 선택 사항입니다. 현존하겠습니까, 아니면 계속해서 스스로 고통과 문제를 만들어내겠습니까? 현존의 의미를 제대로 이해한다면 거의 모든 사람이 현존을 선택하리라 믿습니다.

Q4. 현존 상태란 무엇인가요? 어떤 느낌인가요?

A4. 현존 상태는 매우 단순합니다. 자신을 여기에 있게 하는 거죠. 현존할 때, 그 사람의 내면은 고요합니다. 판단하지 않고, 옳고 그름의 구별, 대립이나 갈등이 없습니다. 현존할 때는 나를 인정하거나 사랑해주는 사람이 필요하지 않습니다. 현존 상태에 있는 사람은 이미 완전하고

사랑이 넘치는 존재이며, 타인에게 무언가를 기대하지 않습니다. 이것이 바로 현존이 가져오는 아름다움과 완벽함입니다. 바로 우리가 현존해야 하는 까닭이죠. 또 현존하면 다른 사람들이 무엇을 말하든 상관하지 않고, 무엇을 듣든 동요하지 않습니다. 옳고 그름의 구별이 없으므로 다른 사람과 다투지 않습니다.

Q5. 현존 상태에서 고통과 공포를 느낀다면 어떻게 하는 것이 좋을까요?

A5. 고통과 공포가 느껴졌다면 그 느낌들과 함께 현존해야 합니다. 그러한 감각 역시 받아들일 뿐, 맞서 싸우려 해서는 안 됩니다. 사실 고통과 공포가 느껴졌다면 이미 현존 상태에서 벗어난 것입니다. 진정으로 현존한다면 이런 느낌이 들 리 없으니까요. 그러니 잘 관찰하고, 함께 현존하도록 해야 합니다. 계속 더 깊이 현존하면 고통과 공포도 초월하게 될 것입니다.

고통과 공포는 에고가 만들어내는 것일 뿐, 현존 상태에는 존재하지 않는 것을 기억하세요. 어떤 판단도 하지 말고 그런 느낌마저 무조건으로 사랑하고 받아들여야 합니다.

Q6. 현존할 때 감정이 생겨난다면 잘못된 것일까요? 그런 감정들을 어떻게 처리해야 할까요?

A6. 그 감정들을 구체적으로 다룰 필요는 없습니다. 현존할 때 감정이 일어난다면 역시 그 감정이 자유롭게 표현되고 흐르고 드러나도록

해야 합니다. 부적절하다고 생각할 필요는 없습니다. 오히려 나중에 이 감정을 어떻게 처리하겠다고 생각하는 순간, 현존으로부터 멀어진다는 것을 기억해야 합니다.

우리 안에 있는 어떤 감정에도 저항하지 말고 자신의 감정을 판단하지 마십시오. 감정을 처리할 미래의 순간을 생각한다면 이는 에고의 농간입니다. 감정을 처리해야 하는 시기는 과거도 미래도 아닌, 바로 현재입니다.

깨어남: 그 새로운 인식

'깨어남'이란 정신적인 깨달음이나 깊은 인식, 완전히 새로운 인사이트를 의미합니다. 종교, 철학, 심리학, 명상 등 다양한 영역에서 조금씩 다르게 이해되지만, 일반적으로는 '현실에 대한 보다 깊은 이해와 인지적인 확장을 통해 성숙해진 정신상태'를 말합니다. 일상적이고 소소한 순간부터 깊은 명상, 철학적 고찰을 통해 이루어지는데, 이를 통해 자아의 한계를 깨닫고 새로운 시각을 얻을 수 있습니다.

일상에서 일어나는 사소한 경험에서도 깨어남이 시작될 수 있습니다. 예컨대 어떤 장면에 마주칠 때, 그 순간에 완전히 집중하며 존재한다면 그로부터 깨어남이 비롯될 수 있습니다. 마음을 현재에 집중시키고 현실을 경험함으로써 일상에서 빠져나와 더 깊이 이해하고 감지할 수 있게 되는 거죠.

깨어남은 현실에 대한 깊은 이해와 연결되어 있습니다. 주변 환경, 인간관계, 자연 등과 조화롭게 상호작용하며 삶을 인식하는 것이죠. 현실을 깨닫게 되면 과거나 미래에 대한 불안보다는 현재의 순간을 더 중요하게 여기게 되고, 감사와 인내의 태도를 취하게 됩니다.

또 깨어남은 '무의식'이라 불리는 마음의 깊은 영역에 대한 이해와 관련이 깊습니다. 자신의 감정, 신념, 행동의 근본에 숨겨진 것들을 발견하고 받아들이면서 무의식의 힘에 대한 인식을 키우게 됩니다.

종교나 명상, 내적 탐구, 정신적인 수행을 통한 깨어남은 더욱 깊은 수준으로 이루어집니다. 특히 명상은 마음의 소음을 경감하고 순수한 의식에 접근하는 방법으로, 이를 통해 자신의 내면을 더 깊이 관찰하고 이해할 수 있습니다. 나아가 내면의 평화와 조화를 찾고 보다 깊은 의식 수준에 도달함으로써 삶에 대한 새로운 차원을 경험할 수 있습니다. 동시에 자신의 한계와 편견을 깨달을 수도 있죠.

이처럼 삶의 목적, 의미, 연결에 대한 깊은 고찰을 일으키는 깨어남은 다양한 차원에서 나타납니다. 깨어남은 지속적인 과정이며 자기 발견과 성장을 통해 더 나은 자아와 세계를 이해하는 여정이 됩니다.

깨어나면 무엇이 달라질까요?

첫째, 모든 일의 원인을 스스로 찾습니다.

깨어나기 전에는 손가락이 항상 바깥쪽을 가리키지만, 깨어난 후에는 손가락이 자신을 가리키므로 더 이상 남들과 논쟁하거나 다투는 일이 없습니다. 이전에는 외부의 조건과 환경을 불평하곤 했지만, 깨어나면 내면으로 들어가 스스로 원인을 찾고 자신이 모든 것의 근원이라는 것을 알게 되죠. 자신에게서 원인을 찾는 것은 삶의 지혜입니다. 사람이 더 크게 발전하고 강해지고 싶다면 스스로 원인을 찾을 줄 알아야 합니다.

둘째, 착실하게 조금씩 쌓아가는 법을 배웁니다.

깨어나기 전에는 항상 내가 강한 사람이고 무엇이든 할 수 있다고 생각했지만, 깨어난 후에는 자신이 아무것도 아님을 깨닫습니다. 깨어난 사람은 체면을 내려놓고, 몸을 낮추고, 착실하게 다시 시작하게 됩니다. 노자가 "아름드리 나무는 작은 새싹에서 자라고, 9층 석탑은 흙더미로 쌓았으며, 천 리 길도 첫걸음부터 시작된다"라고 말한 것도 같은 맥락이지요. 우리는 깨어난 후에야 비로소 세상에 지름길은 존재하지 않으며 현실에 충실하며 착실하게 발을 디디는 것이야말로 가장 좋고, 가장 빠른 지름길이라는 사실을 알 수 있습니다. 이 세상 만물은 작은 것에서 큰 것으로 발전하는 과정이며, 이는 피할 수 없는 자연의 법칙입니다.

셋째, 나를 더 많이 탐구합니다.

깨어나면 타인과의 관계 속에서의 내가 아니라 나 자신에 대해 알고자 합니다. 독일 철학자 프리드리히 니체(Friedrich Nietzsche)는 "모이는 것은 쇠퇴의 시작이고, 혼자야말로 탁월함의 시작이다"라고 말했죠. 깨어난 사람은 사람의 마음을 꿰뚫어 보고, 비효율적인 사회적 상호작용을 싫어하며 가장 큰 낭비로 여깁니다.

넷째, 항상 현재에 삽니다.

깨어 있는 사람은 영원히 현재를 살며, 과거로 인해 괴로워하거나 미래에 대해 걱정하지 않습니다. 삶의 모든 순간에서 자신의 운명의 주인이 될 수 있었고, 자신의 지혜로 다른 사람을 도울 수 있습니다. 이제 삶에는 고통과 괴로움이 빈번히 나타나지 않습니다.

사람은 깨어나는 순간,
더 이상 운명의 불공평함을 불평하지 않으며, 모든 좌절을 수행의
순간으로 여기게 됩니다.
사람은 깨어나는 순간,
더 이상 헛된 것을 추구하지 않고 실질적인 것을 더욱 세련되게
추구합니다.
사람은 깨어나는 순간,
하늘을 떠다니지 않고 땅으로 내려와 두 발로 걷습니다.
사람은 깨어나는 순간,
바깥의 마음을 거두어 집에 두게 될 것입니다.
사람은 깨어나는 순간,
생각과 성격에서 다음의 같은 변화를 겪게 됩니다.

깨어남을 향하여

깨어남은 생명, 삶의 가치, 우주의 의미 등에 대한 사람들의 사고와 탐구를 포함하는 매우 광범위한 개념입니다. 일정한 사고와 실천을 통해 실현되어야 하는 점진적인 성숙의 과정이죠. 깨어남은 우리가 끊임없이 실천하고 탐구해야 하는 길고 어려운 과정입니다. 마음의 평안과 안녕을 끊임없이 추구해야만 진정한 깨어남을 이룰 수 있습니다.

많은 현대인이 자기를 잃어버린 삶을 살고 있습니다. 스스로 자신을 알지 못해 지금의 나를 싫어하고 못마땅해하죠. 자신이 못나고 어리석으며 부족하고 문제가 많다고 생각합니다. 그래서인지 더욱 현실을 외면하고 더 나은 미래를 향해 허겁지겁 달려갑니다. 그 과정이 너무나 힘들고 괴로운데 무엇 때문인지 도무지 알 수가 없죠. 종종 정신과 영혼의 정화(淨化)가 필요하다면서 자신의 문제점을 뜯어고치고 습관을 변화시키는 일에 몰두하는 분들을 봅니다. 하지만 이는 자신을 더 괴롭게 할 뿐입니다. 잘 되지도 않아서 이런 분들은 얼마 못 가 울상을 지으며 이조차 해내지 못하는 자신을 탓하기도 하죠.

구도자가 아닌 일반인으로서 우리의 깨어남은 이미 있는 것을 찾아내는 여정이 되어야 할 것입니다. 묵은 관념을 내려놓고 내면에 있는 보물을 발견해내는 것이지요. 어렸을 때 소풍을 가면 꼭 보물찾기를 했었습니다. 참 신나고 즐거웠던 보물찾기처럼 지금 우리는 자신에게 숨겨져 있는 것을 찾아서 드러내야 합니다. 알고 보면 즐거운 일입니다. 못나고 부족한 나에 집착해서 더 완벽해지려는 마음은 내려놓으세요. 그저 자신의 모습을 바라보고 받아들여야 합니다.

깨어남은 자아의 구조, 욕망, 불안과 같은 내면의 요소들을 깊이 이해하고 받아들이는 것으로부터 시작합니다. 이를 통해 우리는 자신의 행동이나 생각의 원인을 더 잘 이해할 수 있으며, 자기 수용과 성장이 가능해집니다. 범인(凡人)으로서의 깨어남은 보통 다음의 단계를 거쳐 진행된다고 할 수 있습니다.

◇ 제1단계. 깨우침

가장 먼저 사물에 대한 더 깊은 탐구로 시작됩니다. 보통 트라우마나 삶을 바꾼 경험으로 인해 일어나는 경우가 많습니다. 아직 공허하고, 불쾌하고, 불행하고, 혼란스럽고, 낙담하고, 우울감을 느낄 수 있는 시기입니다. 이 단계에서 정말로 내가 누구인지, 인생의 목적이 무엇인지와 같은 많은 질문에 직면하게 됩니다.

◇ 제2단계: 답 찾기

부족하거나 놓친 답을 찾기 위해 관점을 바꾸기 시작합니다. 하지만 여전히 부정적 감정에 휩싸여 있는 상태입니다. 이전에 배운 모든 것을 다시 생각하기 시작하고, 알고 있는 모든 것이 거짓이라고 느낄 수 있습니다. 새로운 인생관이 출현하는 단계입니다.

◇ 3단계: 내적 응답

드디어 자신 안에서 답을 찾기 시작합니다. 겉으로 드러나는 피상적인 성장과 배움을 뛰어넘고 싶은 강한 충동을 경험하게 될 것입니다. 자신이 누구인지, 삶의 목표가 무엇인지 찾는 것이 가장 중요한 부분이 됩니다. 이전에 나를 흥미롭게 했던 것은 이제 더 이상 흥미롭지 않으니 관심사나 가치관이 바뀔 수도 있습니다. 내적 응답을 구할 때, 더 경건해 지거나 영적으로 변모할 수 있습니다.

◇ 4단계: 새로운 나

의심할 여지 없이 깨어남의 과정은 고통스럽습니다. '이전의 나'에서 '새로운 나'로의 변신은 힘들 수밖에 없으니까요. 하지만 그 고통은 잠시뿐이며 성장하면서 끊임없이 극복할 수 있습니다. 점차 자신의 오래된 패턴이 사라지고 나 자신의 진짜 버전이 되어 가는 모습을 발견할 것입니다. 이런 일이 일어나면 희망과 행복을 느끼고, 다가올 일에 흥분하기 시작할 것입니다.

◇ 5단계: 깨어남

이제 마지막 단계이자 궁극적인 목표에 도달했습니다. 깨어남은 자아, 그리고 우주와의 정렬을 의미합니다. 눈이 더 맑아지고 큰 그림이 보이며, 외부 세계와 연결되어 있으면서도 평화로운 느낌이 들 것입니다. 삶에 대한 관점이 나로부터 우리로 바뀝니다. 스스로 자신이 영적인 멘토나 역할 모델이 되어 깨어남을 향하는 사람들을 도울 준비가 되었다고 느낄 수 있습니다.

지금 이 순간, 조용히 호흡하며 깨어남을 향해 가는 나를 느껴보세요. 지금 이 순간, 침묵과 고요 속에서 자신과 세상을 경이롭게 피어나게 하는 보이지 않는 실재를 만나봅시다. 사랑이 넘치는 무한한 존재를 느껴봅시다.

깨어남을 방해하는 것

의식이 자꾸만 머릿속 생각과 마음으로, 과거와 미래의 세계로 끌려가면 자유로울 수도 깨어날 수도 없습니다. 완전히 깨어나고 싶다면 반드시 요령을 터득해야 합니다. 나의 의식을 자꾸만 끌어내어 깨어남을 방해하는 주요 요인은 다음의 네 가지로 이야기할 수 있습니다.

◇ 에고의 저항

에고는 사람을 과거와 미래에 가두곤 합니다. 원한과 원망, 죄책감, 후회 등으로 과거에서 벗어날 수 없게 만들고, 오지 않을 미래를 이용해 현재에 소홀하게 만들죠. 에고의 농간을 간파하고 지금 이 순간만이 나를 만족시킬 수 있음을 이해하지 못한다면 영원히 깨어날 수 없습니다.

에고의 구속에서 벗어나 자유로워지려면 에고가 무엇을 하고 있는지 주의 깊게 살펴야 합니다. 우리는 에고에 적극적으로 대응할 수도 없고, 그것을 막을 수도 없습니다. 할 수 있는 일이라고는 그저 에고가 무엇을 만들어내는지 유심히 보면서 의도가 무엇인지 간파하는 것뿐입니다. 이렇게 에고를 관찰하려면 현존에 확고하게 뿌리내려야 합니다. 그렇지 않으면 거꾸로 에고가 자기 자신을 관찰할 뿐이므로 깨어날 수 없습니다.

정말 현존해서 에고를 관찰하는 것이 맞는다면 내 마음이 생각 없이 조용할 것입니다. 고요함 속에 있어야만 에고를 볼 수 있고, 그래야만 사랑과 수용, 연민으로 에고와 상호작용할 수 있습니다. 이 고요함 속에서 비판은 완전히 내려놓아야 합니다. 깨어난 현존 상태에서는 판단이 없으므로 비판도 있을 수 없습니다. 아주 사소한 비판이라도 감지한다면 에고는 나를 놓아주지 않을 것입니다.

◈ 자신에 대한 부인

깨어남의 열쇠는 자신이 누구인지 받아들이고 인정하는 것입니다. 우리는 지금의 나를 피할 수도 없고, 숨길 수도 없으며, 회피하거나 고치거나 변경할 수도 없습니다. **마음의 세계에서 해방되기를 원한다면 아무런 판단도 비판도 없이 모든 측면을 받아들이고 인정해야 합니다.** 사실 어려운 일은 아닙니다. 그저 아주 성실하게 자신의 약점을 드러내면 됩니다.

예를 들어 욕심이 생기면 그것을 인지하고 받아들이고 고백하세요. 저항할 필요는 없습니다. 자신을 비판하지 않을 사람에게 해도 좋고, 그런 사람이 없다면 내 안에 있는 고요 안에서 고백하면 됩니다. 그런 후에 다시 현존의 상태로 돌아가야 합니다.

스스로 자신을 기꺼이 받아들이고, 표현하고, 고백하지 않는다면 현존으로 들어갈 수 없습니다!

◇ 억눌린 감정

우리의 내면에는 외로움, 고립, 충족되지 않은 욕구, 상처, 슬픔, 고통, 분노 등이 모이는 억압된 감정의 저장소가 있습니다. 어린 시절부터 시작되어 꾸준히 축적되어 온 과거의 억눌린 감정을 풀어내지 못한다면 현존하기 어렵습니다. 억압된 감정이 촉발되면 현존에서 벗어나 과거의 경험 속으로 끌려가게 되죠. 깨어남을 통해 영원히 현존하려면 억압된 모든 감정이 의식으로 들어와 표현되도록 허용해야 합니다.

감정이 일어나면 그 감정을 없애려고 노력하지 마세요. 우리가 해야 할 일은 그 감정들이 일어나도록 하고 진정성 있게 표현해 지나가게 하는 것뿐입니다. 심리치료와는 다릅니다. 어떤 것도 고치거나 없애려고 하지 않으니까요. 단순히 이전의 결정 때문에 생겨난 감당하기 어려운 감정을 인정하고, 그 감정들이 표현되도록 하는 것뿐이죠. 슬픔이라는 감정이 생기면 울어야 합니다. 그러고 나면 그 감정의 자리가 기쁨으로 대체되는 모습을 보게 될 것입니다.

◇ 타인과의 얽힘

타인과의 얽힘이란 무엇일까요? 타인이 나를 사랑하고, 인정하고, 동의해주기를 바라는 마음입니다. 타인의 비판, 반대, 거절이 두려운 마음입니다. 그가 나를 비난하면 나도 그를 비난하고, 그가 나를 조종하거나 통제하려 들면 그에 대한 책임을 요구합니다. 이런 모든 것이 타인과의 얽힘입니다.

우리는 모두 구제 불능으로 타인과 얽히고설켜 있으며, 서로에게서 길을 잃곤 합니다. 예컨대 누군가가 나를 좋아하고 인정해서 받아들여 주면 기분이 좋고 심지어 가치 있는 사람이라는 느낌을 받게 됩니다. 반면에 그들이 나를 좋아하지 않고 알아보지 못해 받아들여 주지 않는다면 나는 무가치하다는 생각에 스스로 무너지곤 합니다. 우리는 이런 식으로 에너지를 타인에게 쏟고 있습니다. 그러니 얽힘에서 벗어나 나의 에너지를 되찾아야 합니다.

우선 자신이 타인으로부터 사랑, 인정, 수용을 구하고 있으며 자신의 에너지를 포기하고 있음을 인정해야 합니다. 인정하고 나면 "나는 타인이 아니라 나 자신을 위해 여기에 있다"라고 선언하세요. 다소 이기적으로 보일 수 있지만, 꼭 필요한 일입니다. 이어서 "나는 그저 여기에 있을 뿐이다"라고 생각해야 합니다.

타인과의 얽힘으로부터 자유를 얻고 싶다면 스스로 자신에게 완전한 자유를 허락해야 합니다. 이는 타인이 나를 사랑하거나 미워할 자유, 나를 받아들이거나 거부할 자유가 있다는 것을 의미합니다. 타인은 타인 자신이고 나와 상호작용하는 방식을 선택할 자유가 있습니다. 나와는 아무런 관련이 없습니다. 이렇게 하면 더 이상 서로 얽히지 않고 자유로울 수 있습니다.

현존 호흡: 의식적인 연결 호흡

우리는 하루 24시간 동안, 잠시도 쉬지 않고 꾸준히 호흡하지만, 일부러 주의를 기울이지 않는 한 호흡을 하고 있는지조차 잊곤 하죠. 이는 바로 생각 때문입니다. 어떤 생각에 빠져드는 순간, 의식이 지금 이곳을 벗어나 과거와 미래, 또 다른 장소로 시공간을 이동합니다. 그래서인지 현존과 깨어남을 비롯한 모든 마음수행은 본인의 호흡에 주의를 기울이는 것부터 시작합니다. 호흡은 의식과 잠재의식, 몸과 영혼 사이를 잇는 다리입니다. 이 다리를 올바르게 사용할 수만 있다면 반대편에 도달할 수 있습니다.

다양한 호흡법이 있지만 《현존 수업》의 저자 마이클 브라운(Michel Brown)이 고안한 의식적 연결 호흡을 소개합니다. 마이클 브라운은 의식적으로 호흡을 연결하는 훈련을 통해 우리 의식이 지속적으로 현재에 머물 수 있게 하는 방법을 제안했습니다. 이를 통해 우리 내면과 외부가 하나로 연결될 수 있습니다. 그가 제안한 의식적 연결 호흡법은 다음과 같습니다.

◇ 현존 호흡: 의식적 연결 호흡법

•조용하고 편안한 공간을 찾아서 방석에 가부좌를 틀고 앉거나 의자에 앉는다. 허리를 편안하고 곧게 편 채, 눈을 감는다. 침대에 앉으면

잠들 수 있으므로 추천하지 않는다.

• 자신의 들숨과 날숨에 주의를 기울이면서 자연스럽게 호흡을 연결한다. 숨을 들이쉬었다가 멈춤 없이, 즉 들숨과 날숨 사이에 숨을 쉬지 않는 간격이 없이, 내쉰다.

• 숨소리를 내어서 귀에 들리도록 한다. 들숨은 의도적으로 노력을 기울이고, 날숨은 내려놓듯이 자연스럽게 쉰다.

• 되도록 코로 숨 쉬는 것이 좋다.

• 호흡과 의식적 응답, "나는 지금 여기 이 안에 있다(I am here now in this)"를 연결한다.
(들숨) "나는"
(날숨) "지금 여기"
(들숨) "이 안에"
(날숨) "있다"

• 호흡 연습을 마친 후에는 잠시 조용히 앉은 상태에서 느껴지는 느낌과 함께하기를 권한다.

• 호흡 연습을 하는 동안 신체적, 감정적, 정신적으로 경험한 것은

모두 의미가 있다.

•호흡 연습은 현존과의 친밀한 관계를 잇는 실천적인 과정이다.

이외에 매일 간단하게 하는 자애명상도 좋습니다. 자애명상은 이기심
을 이겨내는 수행으로 우울증과 같은 개인의 심리치료에 효과적입니다.
평안한 마음상태에서 모든 사람이 행복하기를 바라며, 어떠한 해도
없이 행복하기를 바라는 마음을 보내는 것입니다.

내가 건강하기를, 내가 행복하기를, 내가 자유롭기를, 내가 평화롭기를
당신이 건강하기를, 당신이 행복하기를, 당신이 자유롭기를, 당신이
평화롭기를

부디 오직 현재를 잘 살아가려는 생각만 할 수 있도록
하라.
내일이 오면, 그것은 오늘이라 불릴 것이며,
그때 우리는 그날에 대해 생각할 것이다.

출렁이는 파도에 자신을 띄워 보내고,
매 순간 영원함을 찾아라.

— 헨리 데이비드 소로(Henry David Thoreau)

제10장

홀가분하게, 평온하게

내려놓기와 받아들이기를 하는 삶은 더 없이 심플하면서도 행복합니다. 이 두 행위는 삶에 대한 인내와 투명성을 부여하며, 새로운 경험과 성장의 문을 열어줍니다. 내려놓고 받아들이는 과정에서 우리는 무엇보다 자유로운 인생을 창조할 수 있습니다.

이 장에서는 내려놓기와 받아들이기를 실천하는 사람이 어떻게 더 홀가분하고 평온한 삶을 사는지에 대한 이야기를 담았습니다. 삶은 달콤쌉쓸하지만, 그래도 우리는 계속 나아가야 합니다. 중요한 것은 삶이 어떤 맛을 낼지라도 계속해서 나아가는 것입니다. 그 여정에서 우리는 달콤한 성취와 쓸쓸한 경험을 만나며 더 다채로운 삶을 살아갈 수 있습니다.

평상심이 곧 행복입니다

오늘날 각계각층의 많은 사람이 득실, 승부, 성패와 관련된 일에 직면했을 때, '평상심(平常心, ordinary mind)'이라는 말을 자신이나 다른 사람을 상기시키는 데 유용하게 사용합니다. **평상심이란 어떠한 상황 속에서도 마음이 동요되지 않고 평상시의 감정적인 상태로 있는 것, 즉 '일상적인 마음'이라고 할 수 있습니다.** 불교에서는 '평상심이 곧 도'라고 하여 평상시에 걷는 것, 서는 것, 앉는 것, 눕는 것, 물건을 들거나 내려놓는 것 등 모든 행위에 있어 도와 일치해서 일상적으로 처리해야 함을 강조합니다.

세상의 모든 것은 자연스럽고 평등합니다. 큰 나무는 작은 풀을 무시하지 않고, 작은 풀은 꽃을 부러워하지 않습니다. 나이팅게일의 울음소리와 까마귀의 울음소리는 누가 구별하지 않으면 모두 그대로 존재합니다. 그래야만 세상에 온갖 꽃이 피고, 온갖 이야기가 가득하겠지요. 세상의 아름다움은 결국 전적으로 분별하지 않는 마음에 있습니다.

세상의 만물은 동일합니다. 사람이 열심히 노력해서 좋은 일을 하고 좋은 결과를 얻으면, 다른 사람들로부터 존경을 받고 사회가 그에게 지위와 명예를 주는 것이 정상적인 일입니다. 하지만 이 때문에 평상심을 잃어서는 안 됩니다. 자신에게 어떤 특별함이 있으리라고 생각해서는 안 됩니다. 이런 생각을 갖는 것이야 말로 평상심을 잃는 시작이며 필연적으로 불만, 상실, 번뇌, 우울 등이 이어집니다.

평상심이 있으면 매사가 보통의 일에 지나지 않으며 평범해집니다. 위험, 화유, 돈, 복잡한 환경, 심한 타격, 실패 앞에서도 침착하고 차분할 수 있습니다. 혼란에 놀라지 않고 비굴하지도 오만하지도 않으며 자연스러운 마음 상태를 유지할 수 있습니다.

평상심은 지극히 고귀한 심리적 특성입니다. 어쩌면 삶이란 평상심을 마음을 키우는 수행이라는 생각이 듭니다. 살면서 직면해야 할 일이 너무 많기 때문입니다. 때로는 숨이 막힐 정도로 피곤함을 느끼기도 하죠. 모든 일에 마음이 들뜨고 득실을 걱정한다면 하는 일이 제대로 될 리 만무하고, 심지어 심신의 건강에까지 악영향을 미칠 수 있습니다. 하지만 평상심을 기르고 마음의 안정을 유지하는 일은 매우 어렵고 드문 일입니다.

들뜬 마음을 가라앉히고, 조용히 생각할 시간을 더 많이 가지면서 자신과 자신을 둘러싼 환경의 장점과 단점을 나열해 보세요. 그런 다음 자신의 장점을 극대화하고 단점을 최소화하는 방법에 대해 생각해 볼 시간을 가져야 합니다. 책을 더 많이 읽기를 추천합니다. 특히 고대 성현의 마음과 품성을 수양하는 책을 더 많이 읽는다면 도움이 되리라 생각합니다. 그들의 생각으로부터 돈오, 즉 '단박 깨침'을 얻을 때까지 생각하고 소화해야만 비로소 평상심을 가질 수 있으리라 생각합니다.

당부하자면 평상심은 수동적이거나 발전을 거부하는 등의 소극적인 심리나 삶의 태도가 아닙니다. 평상심은 일종의 경지로 이 경지에서는 인생길에서 만나는 어떠한 충격도 견뎌낼 수 있습니다. 득실을 따지고 걱정하면서 비겁해지는 것은 성공의 적이니 평상심을 키우는 것이 매우 중요합니다.

득실에 대해 걱정하고 소심한 태도는 성공의 적이므로 정상적인 마음을 키우는 것이 매우 중요합니다! 득실에 관해 재미있는 이야기가 있어 소개할까 합니다.

옛날 중국 진나라에 사는 가난한 농부가 소 한 마리를 잃었습니다. 하지만 그는 전혀 개의치 않고 종일 싱글벙글하며 생활했습니다. 사람들이 의아해하며 속상할 텐데 왜 소를 찾지 않냐고 묻자 농부가 대답했습니다.

"우리 진나라에서 잃어버렸는데 제가 굳이 애써 찾을 필요가 있습니까?"

나중에 이 이야기를 들은 공자는 "진나라라는 말은 빼는 것이 좋지 않겠는가?"라고 했습니다.

노자 역시 이 이야기를 듣고 "사람이 없어야 더 좋을 것이다"라고 말했습니다.

농부는 소는 어차피 잃어버렸고, 괜히 찾으러 다니면 얻는 것보다 잃는 것이 더 많으니 낙담하지 않았습니다. 그는 '사물의 주인이 누구인가'라는 굴레를 넘어 여유롭고 소탈하게 자신의 것이라도 자신이 사는 진나라의 것이면 된다고 여겼습니다. 이것은 한 나라 안에서는 득실을 따질 것이 없다는 첫 번째 경지입니다. 공자는 농부의 경지가 아직 제한적이므로 나라의 경계를 넘어 세상으로 확대해야 한다고 생각했습니다. 이것이 득실에 관한 두 번째 경지입니다. 그리고 노자는 여기에서 한술 더 떠서 소를 사람의 속박에서 벗어나 자연으로 돌아가게 하는 것이야말로 세 번째 경지이자 최고의 경지라고 이야기합니다.

인생에서 득실이란 아주 흔한 일입니다. 그때마다 매번 우리가 공자나 노자만큼의 높고 넓은 경지에 도달하지는 못할지언정, 농부만큼이라도 담담하게 평상심을 가지고 대한다면 마음속 먹구름이 줄어들고 햇살이 더 밝게 스며들 것입니다.

이 글은 '평상심이 곧 도'라는 말로 시작했습니다. 이야기하다 보니 '평상심이 곧 도요, 평상심이 곧 행복이다'라는 생각이 듭니다. 우리의 삶에서 가장 놀랍고 완벽한 즐거움을 가져다줄 수 있는 것은 의외로 가장 평범하고 단순한 일입니다. 일상적이고 평범한 순간들을 소중히 여기고, 소박한 순간들에 감사함을 느낄 때, 그 순간이 진정한 행복으로 이어질 수 있습니다. 작은 일상 속에 자리 잡은 안정과 평온은 무궁무진한 행복을 안겨줄 것입니다.

세상에서 가장 아름다운 것은 순수한 기쁨이라고 합니다. 복잡한 세상에서 더 많은 순수한 기쁨을 맛보려면 반드시 평상심을 길러야 합니다. 특별한 일이 없어도, 삶을 꾸미지 않아도, 단순히 지금의 자리에서 편안함을 느끼며 행복을 시작해보기 바랍니다. 작지만 소중한 순간들을 무심코 지나치지 말고, 평상시의 편안함을 익히며 행복을 찾아가세요. 평상심에서 비롯된 행복은 영원히 계속될 것입니다.

중년을 위한 수양(1): 해야 할 일

중년에 이르면 내적 성장과 평화를 찾는 수양의 시기에 진입합니다. 몸과 마음의 균형을 맞추고, 지금까지의 삶을 돌아보면서 깊이 있는 수련을 통해 내면의 평정을 찾는 과정입니다. 중년의 수양은 외적인 성공보다는 내적인 안정과 풍요로움을 추구해야 합니다. 명상이나 요가와 같은 정적인 활동 외에도 예술, 문학, 여행과 같은 다양한 경험을 통해 자아를 발전시키며, 삶에 새로운 의미를 부여합니다. 중년의 수양은 삶의 후반기에 들어서면서 스스로 더 나은 사람으로 성장시키는 동시에, 자기와 세상과의 조화를 찾아가는 여정입니다. 더불어 새로운 시각과 통찰을 얻는 소중한 기회가 됩니다. 제7장에서 받아들이기가 중년의 큰 지혜라는 이야기를 한 바 있습니다. 여기에서는 중년을 위한 수양에서 반드시 해야 할 일을 이야기하고자 합니다.

알다시피 사람이 중년으로 접어들면 대체로 일과 가정에 안정이 찾아옵니다. 하지만 어찌 된 일인지 겉으로 보이는 외양과 달리 정작 당사자는 중년기에 접어들면서 매우 혼란스럽고 막막하며 스트레스가 심한 경우가 많습니다. 인생의 중요한 전환점이자 자신을 되돌아보고 미래를 계획하는 중요한 순간임을 느끼기 때문이겠지요.

중년에 이르러 자신의 가치를 깨닫고 원하는 행복을 얻고 싶다면 좋은 습관을 길러야 합니다. 좋은 습관은 중년의 활력과 생기를 넘치게 할 뿐만 아니라, 나아가 더 나은 결과를 얻을 수 있게 해줍니다. 좋은 습관이야말로 사람이 스스로 '자신을 번영시킬 수 있는' 요소입니다.

첫 번째는 건강입니다.

중년이 이르면 많은 업무 스트레스에 직면해 육체적 건강을 소홀히 하기 쉽고 심리적 부담을 제때 정리하지 못합니다. 사람이 건강을 잃으면 모든 것을 잃는 것과 같습니다. 규칙적인 운동, 적절한 식사, 충분한 수면 등 건강한 생활 습관을 키우세요. 젊었을 때와 다름이 없음을 증명이라도 하려는 듯이 밤늦게까지 자지 않거나 마음껏 먹고 마시면 안 됩니다.

건강해지면 체력과 면역력이 향상되고, 스트레스가 줄어들며, 업무 효율성과 삶의 질이 올라갑니다. 몸이 모든 일의 밑천입니다. 좋은 신체 상태를 유지해야만 일과 생활의 어려움에 대처할 수 있는 충분한 에너지를 얻을 수 있습니다. 몸이 건강해야 중년에도 더 많은 에너지를 꽃피워 더 나은 삶을 살아갈 수 있습니다.

두 번째는 꾸준한 성장입니다.

중년은 인생에서 일종의 전환을 맞는 시기입니다. 이전보다 더 안정되고 성숙해지며 배우고 성장할 수 있는 시간과 기회가 더 많아집니다. 새로운 지식과 기술을 꾸준히 배우고 기르면 사고가 풍부해지고 시야를 넓힐 수 있을 뿐만 아니라 직장에서의 경쟁력도 향상할 수 있습니다.

내 삶을 진정으로 더 좋게 만들 수 있는 사람은 나 자신뿐입니다. 늘 배우려는 태도를 잃지 말고 열심히 노력해야만 더 멀리 나아가고 더 많은 기회를 얻어 인생을 바꿀 수 있습니다. 책을 읽거나 교육 과정에 참여하거나 사회 활동 참여를 통해 새로운 지식에 대한 욕구와 학습 동기를 유지하세요. 학습은 나를 더 훌륭하고 강하게 만들 수 있는 끊임없는 과정입니다.

세 번째는 취미를 기르고 이상을 추구하는 것입니다.
중년 이후에 더 나은 삶을 살려면 꿈과 이상을 추구하는 법을 배워야 합니다. 중년에 접어들면서 어깨를 짓누르는 삶의 압박감과 책임감이 점점 무거워져 취미와 내면의 추구를 소홀히 하기 쉽습니다. 인생에서 가장 중요한 것은 자신을 위해 사는 것입니다. 자신이 좋아하는 것을 재발견하고 이상을 추구하세요.

'관심은 최고의 선생님이다'라는 말이 있습니다. 관심사를 찾고 취미를 키우는 것은 행복과 만족을 가져올 뿐만 아니라 특정 분야에서 개인의 창의력과 잠재력을 자극할 수 있습니다. 현실과의 균형을 잘 지키면서 원래의 의도를 잊지 않고 탐구를 멈추지 않는다면 성취감을 맛볼 수 있습니다.

중년이 되면 더 많은 도전과 선택에 직면하게 되는 동시에 자신의 꿈과 이상을 실현할 기회도 더 많아집니다. 심신의 건강을 유지하고, 꾸준히 배우고 성장하며, 취미를 기르는 것은 모두 '자신을 더 번성하게 하는' 습관입니다. 좋은 습관을 기르고 내면의 열정으로 삶을 사랑한다면 중년에도 더욱 빛날 수 있습니다.

중년을 위한 수양(2): 하지 말아야 할 일

삶은 쉽지도 짧지도 않으니 어느 정도 나이가 되면 마음을 가라앉히고 변화를 지켜볼 줄 알아야 합니다. '눈을 뜨고 세상을 꿰뚫어 보기는 어려워도, 사람의 감정을 다 읽으면 고개를 끄덕일 수 있다'라는 말이 있습니다. 지나온 시간은 우리의 날카로웠던 가장자리를 무디게 만들고, 해야 할 일과 하지 말아야 할 일을 알려줍니다. 여기에서는 중년을 위한 수양 중 하지 말아야 할 일을 이야기합니다.

첫째, 과시하면 안 됩니다.

인생은 결국 남과 관계없이 모두 나 자신에 관한 것입니다. 낮은 물은 시끄럽고, 깊은 물은 고요하다고 하죠. 수준이 낮은 사람들은 무언가를 성취하거나 다른 사람들에게 인정받으면 우쭐대면서 자랑하고 싶어 합니다. 반면에 수준이 높은 사람들은 자신의 성취에 쉽게 마음이 들뜨지 않고 과시하지 않는 것이 수양이며 처신에 유리한 지혜임을 잘 압니다. '성자는 이름이 없고, 위대한 자는 보이지 않는다'라는 외국 속담이 있습니다. 잘 수양한 사람은 아무 데서나 자신을 자랑하지 않습니다. 스스로 자신을 이해하는 것이 가장 어렵고 귀중한 것이며, 인생과 인간관계의 우여곡절을 겪으면서 삶이란 자기 수양의 과정임을 잘 알기 때문입니다.

삶을 과시하지 마세요. 좋은 인연을 만나면 굳이 말하지 않아도 마음이 통하는 법입니다. 굳이 내 입으로 이야기할 필요 없죠. 이는 타인에 대한 배려나 그의 자존심을 지켜주는 것과도 관련이 있습니다. 예를 들어 요즈음에는 많은 사람이 SNS를 정말 활발하게 합니다. 젊은 사람들의 전유물인 줄 알았는데 나이가 꽤 있는 분들도 많이 하시더군요. SNS에서 유독 자신의 삶을 과시하고, 많은 사람의 관심과 주목을 받기를 바라는 사람이 많습니다. SNS는 많은 사람과 근황과 정보를 주고받는 긍정적 효과도 있지만, 종종 과시의 수단으로 쓰이기도 하는 듯합니다. 의도와 달리 비교의 수단이 되기도 하고요. SNS를 삶을 과시하는 수단으로 쓰고 있지는 않은지 되짚어볼 필요가 있습니다.

부를 과시하지 마세요. 물론 경제적인 여유는 인생에서 가장 큰 자신감이며, 돈이 있으면 말과 행동에 유달리 자신감이 넘치기도 합니다. 하지만 내가 돈이 있는 것은 다른 사람과 무관한 일입니다. 줄 것도 아니면서 자신에게 얼마만큼의 돈이 있는지 말하는 것은 그저 자랑하기 위함입니다. 상대의 마음, 환경을 헤아리지 않고 돈 자랑하는 사람을 좋아하는 사람은 없습니다. .

자녀를 과시하지 마세요. 모든 부모의 눈에는 자신의 자녀가 최고입니다. 잘 키운 자녀는 부모의 교육과 지도의 결과이지만, 동시에 자녀 자신의 노력과 근면함의 결과이기도 합니다. 가족마다 살아가는 방식이 다르고, 자녀도 다르며, 잘하는 것도 다릅니다. 애초에 비교할 수 없는 과시가 너무 자주 반복되면 상대방을 짜증나게 할 뿐입니다.

인맥을 과시하지 마세요. 내가 알고 있는 유명하거나 영향력 있는 사람은 나의 친구 목록에만 존재합니다. 어떤 상황에 놓였을 때, 그들이 나를 도울지 안 도울지도 모르는 일이고요. '내가 이런 사람을 안다'라는 과시는 자신을 더욱 초라하게 만들 뿐입니다. 그보다 지금 앞에 앉아 내 이야기를 들어주는 사람에게 더 관심을 보이세요.

과시하지 않는다고 해서 불행하다는 뜻은 아닙니다. 자랑하기를 좋아하는 사람은 자기 삶의 가치를 높일 수 없습니다. 자랑할수록 사람들은 그의 허영심을 알아차릴 것이고, 자랑할수록 사람들은 그가 얼마나 자신감이 부족한지 생각할 것입니다.

둘째, 불평해서는 안 됩니다.
젊었을 때야 직장에서의 실패나 삶의 좌절 때문에 끊임없이 불평할 수 있습니다. 그러나 중년이 되어서 하는 불평은 괜한 트집이나 잔소리하는 것처럼 보이게 됩니다. 불평은 현재의 상황을 바꿀 수 없고, 오히려 상황을 악화하기만 할 뿐입니다. 현명한 사람은 불평하지 않고 생각을 바꾸려고 노력합니다.

생활의 어려움을 불평하지 마세요. 삶에서 만나는 일은 모두 운명이고, 늘 행운이 뒤따르기를 바라서는 안 됩니다. 신이 누군가에게 큰 역할을 맡길 때는 먼저 그의 마음을 괴롭히고, 근육과 뼈를 마르게 하고, 몸을 쇠약하게 한다고 했습니다. 지금 내게 주어진 어려움은 새로운 모습으로 탈바꿈하는 시작일 지도 모릅니다.

자신의 배경에 대해 불평하지 마세요. 태어나자마자 출발선에서부터 승리하는 사람도 있고, 평생 열심히 일해도 남들은 이미 다 가진 것을 얻지 못하는 사람도 있습니다. 삶은 원래 불공평하고, 이는 불평한다고 해결되는 문제가 아닙니다. 그러니 불평하기보다는 담담히 성실하게 살면서 작은 성취로 큰 손실을 만회하는 편이 더 좋습니다.

불평하는 사람들과 어울리지 마세요. 유유상종이라 했습니다. 어떤 사람과 어울리느냐가 어떤 사람이 되는가를 결정합니다. 성공하는 사람은 불평하지 않고 불만스러운 상황을 바꾸기 위해 최선을 다합니다. 이들은 자신이 원하는 것을 위해 기꺼이 헌신하며, 매일 꿈을 향해 열심히 달립니다. 불평만 하는 사람은 결코 원하는 이상에 도달하지 못합니다.

셋째, 자신을 '피해자'로 여기지 마세요.
중년에 이르기까지 파란만장하게 살아오면서 저마다 무언의 상처와 고통이 있을 것입니다. 많은 것을 경험해왔으니 도대체 어디서부터 이야기해야 할지 모를 정도로 많죠. 마음속에 말하지 못한 수많은 감정이 있는데 표현하기 어렵고, 그런 탓에 중년의 피로와 고통은 그 어느 때보다 깊고 고독합니다.

그렇다고 해서 무작정 자신을 피해자로 여기며 자기연민에 사로잡혀서는 안 됩니다. 나를 아는 사람에게는 부러 설명할 필요 없고, 나를 알지 못하는 사람에게도 굳이 설명할 필요 없죠. 내 신세가 처량해서 우는 울음이 남에게는 듣기 싫은 곡소리일 수 있음을 알아야 합니다. 상처는 스스로 치유하고 억울함은 가슴에 간직한 채, 어떤 일이든 스스로 용감하게 맞서야 합니다.

중년에 이르른 사람은 평상심을 잃지 말고 내면의 평화와 안정을 유지하는 법을 터득해야 합니다. 불만을 제쳐두고 현실을 직시하는 법도 배워야죠. 과거의 성취를 자랑하지 말고 현재의 삶을 즐기세요. 그래야만 더 가치 있고 매력적인 사람이 될 수 있습니다. 이런 자세여야만 미래의 도전에 더 잘 대처할 수 있습니다.

달콤쓸쓸한 삶을 사는 법

삶은 늘 반쯤은 달콤하고, 반쯤은 쓸쓸합니다. 차를 한 모금 입에 넣으면 처음에는 쓴맛이 느껴지고, 차츰 단맛이 느껴지는 것과 같죠. 삶의 달콤쓸쓸함은 늘 함께 오므로 누구도 따로 떼어놓고 어느 한 가지 맛만 즐길 수는 없습니다. 달콤함을 꼼꼼히 맛보고 천천히 음미하면서 그 힘으로 이어지는 쓸쓸함을 기꺼이 받아들일 수밖에요. 세상은 본래 슬픔과 기쁨이 함께 하고, 고락과 희비가 엇갈리는 것입니다. 달콤함과 쓸쓸함, 이 두 가지는 함께 어우러져 우리 삶에 독특한 향을 불어넣습니다.

달콤한 순간은 예상치 못한 기쁨을 안겨줍니다. 사랑하는 이들과의 나눔, 성취한 목표, 따스한 봄날의 햇살이 불러오는 순간은 삶을 달콤하게 만듭니다. 이런 순간들은 우리에게 희망과 기대를 안겨 주며, 삶의 가치를 더욱 의미 있게 합니다. 그러나 삶은 또한 쓸쓸한 경험도 가져다줍니다. 실패, 상실, 이별과 같은 어려운 시간들이 가슴에 쓸쓸함을 남기죠. 아이러니하게도 이러한 쓸쓸함은 성장의 기회를 제공하며, 강인함과 인내의 미덕을 배우게 합니다. 쓸쓸한 경험들이 없다면 삶은 단조롭고 깊이가 없을 것입니다.

대체로 내성적이고 예민한 사람일수록 삶의 달콤쓸쓸함을 더 잘 감지하는 편입니다. 이들은 삶의 고통을 인정하는 동시에 그 고통으로 자신을 치유하고, 그 고통을 영혼의 자양분으로 삼습니다. 개인적으로 저 역시 그랬습니다. 살아오면서 기쁜 날에도 한편으로는 기뻐하지만, 다른 한 편으로는 왠지 모를 처량함과 허무함을 느끼곤 했습니다. 분명히 즐거운데도 마음 한 켠에는 불안과 초조가 완전히 사라지지 않았습니다. 젊은 시절에도 친구들과 호탕하게 웃으며 잘 어울리면서도 이유를 알 수 없는 외로움을 느꼈습니다. 지금도 안타까운 부분은 정말로 내 온몸과 영혼이 완전하게 활기차고 정열적이며 긍정적인 적은 거의 없었다는 것입니다.

저는 이 문제를 해결하기 위해 많은 책을 읽고, 많은 이야기를 들었습니다. 그중에서 TED 심리학 강사인 수잔 케인(Susan Cain)의 《비터스위트》가 생각을 전환하고 해답을 얻는 계기가 되었습니다. 케인에 따르면 슬픔과 우울은 모두 부정적인 것만은 아닙니다. 이런 감정이 우리에게 강력한 힘을 일으켜 삶의 구렁텅이에서 벗어나게 해주고, 삶을 변화시킬 수도 있습니다. 누구나 슬픔을 경험하며, 슬픔은 우리의 영혼을 연결하는 강력한 힘이라고 하죠. 케인은 슬픔을 통해 더 나은 삶에 대한 갈망과 열망을 가지게 되며, 그 소망을 실현하기 위해 열심히 노력하게 된다고 일러줍니다. 이것이 바로 삶의 쓸쓸함이 가진 힘이죠.

《비터스위트》를 읽은 후, 비로소 특별한 이유도 없이 고독, 슬픔, 우울감을 느꼈던 나 자신을 긍정적으로 받아들일 수 있었습니다. 사실 그보다 더 큰 수확은 이런 약점을 극복하기 위해 그간 애써왔던 방식이 옳았다는 안도감이겠죠. 아무도 모르게 감정이 낮게 요동치는 와중에도 저는 더 나은 삶을 살기 위해 최선을 다해 살았습니다. 일터와 가정에서 더 나은 삶을 살고자 했습니다. 죽을 힘을 다해서 본래의 소심하고 조심성 많은 성격을 조금씩 극복하면서 끊임없이 한계에 도전했죠. 다른 사람이 볼 때면 직장인이자 가장으로서 그 나이대에 맞는 단계를 거쳐온 것처럼 보이겠지만, 저로서는 많은 용기와 결심이 필요한 일들이 었음을 고백합니다.

이처럼 삶의 달콤씁쓸함은 우리를 감동케 하고, 더 나은 사람으로 만들어줍니다. 쓴 경험에서 얻은 지혜와 강함은 삶의 여정을 더 풍요롭게 만들어가는 힘의 원천이 될 수 있습니다. 마치 맛있는 와인처럼, 삶의 달콤씁쓸함은 시간이 흐를수록 더욱 깊고 풍부한 풍미를 느끼게 합니다. 이 책을 읽는 독자들 역시 이 달콤씁쓸함을 더 나은 삶을 살기 위한 자양분으로 삼을 수 있기를 바랍니다.

그래도 나아가야 합니다

인생의 갈림길에서 한번 결정한 길은 힘들든 힘들지 않든 갈 수밖에 없습니다. 시간은 되돌릴 수 없고, 후회를 없앨 약은 없으니 도중에 멈출 수는 있어도 다시 돌아갈 수는 없습니다. 모든 사람은 자신의 행동을 책임져야 하며, 일단 스스로 자신의 길을 선택했다면 그 길을 걷는 과정에서 겪을 우여곡절을 감수해야 합니다.

어린 시절에는 걱정 없이 쾌락을 추구하는 것만이 유일한 목표인 것처럼 살 수 있습니다. 그 시기는 하늘이 우리에게 준, 유일하게 책임감을 잠시 잊을 수 있는 시간이죠. 어른이 된다는 것은 곧 책임을 의미합니다. 성취는 노력의 결과이며, 자유는 엄격한 자기관리를 통해 주어지는 선물임을 알게 됩니다.

우리가 사회에 진출하는 순간부터 더 이상 제멋대로 행동할 자격은 없습니다. 대신 어깨 위에 모든 조치와 결정에 대한 책임이 올려지고, 한 걸음 한 걸음 나아갈 때마다 많은 고려가 필요합니다. 우리가 의지했던 사람들이 이제는 우리를 의지하게 되고, 우리가 최선을 다해 피하려고 애썼던 난관들을 직면해야 합니다. 어른의 세계는 많은 고통이 있지만, 이 고통은 우리가 삶의 의미를 느끼고 삶의 가치를 인식하게 합니다. 한밤중에 울어도 해가 뜨면 다시 눈물을 닦고 언제나처럼 앞으로 달려야 합니다. 달려가지 않으면 남들보다 훨씬 뒤처지게 될 뿐이니까요.

　실패는 고통스럽겠지만, 끊임없이 노력하고 실패를 거듭해야만 더 잘 나아갈 수 있습니다. 인생은 덧셈과 뺄셈처럼 전반은 늘어나고 후반은 줄어든다고 합니다. 사실 실패도 덧셈과 뺄셈의 과정입니다 우리가 어떤 일에 실패하면 그 과정에서 소비되는 시간과 에너지는 '빼기'를 하는 것이고, 실패에서 얻은 교훈은 '더하기'를 하는 것이죠. 실패는 쓰디쓰지만, 우리가 앞으로 나아갈 수 있는 원동력이 될 것이며 수많은 실패를 바탕으로 쌓아온 성공은 더욱 달콤할 것입니다. 실패했기 때문에 자신의 단점이나 결점을 발견할 기회도 생기고, 실패하는 과정에서 경험을 쌓게 되므로 따지고보면 실패가 무조건 손해인 것은 아닙니다.

　우리는 모두 인생에서 가장 어두운 순간을 경험했거나, 현재 경험하고 있습니다. 누구나 길고, 어둡고, 차갑고, 절박한 터널을 걷는 시기가 있죠. 침착하게 대처하면서 포기하지 않고 견디다 보면 언젠가는 빛이 오는 날이 있을 것입니다. 실패를 성장으로 가는 디딤돌로 여기세요. 실패가 아무리 고통스러워도 삶이 아무리 힘들어도 이를 악물고 버티면 희망이 곧 찾아올지도 모릅니다.

　앞에서 삶은 비터스위트, 달콤쌉쌀한 맛이라고 했죠. 쓴맛을 본 후에야 단맛을 알 수 있는 법입니다. 러시아 작가 투르게네프(I.S. Turgenev)는 "행복한 사람이 되고 싶습니까? 먼저 고난을 견디는 법을 배우기 바랍니다"라고 했습니다. 쉽게 얻은 성공은 그리 기쁘지도 소중하지도 않습니다. 고통스러운 과정을 몸소 겪은 후에 비로소 얻은 성공이어야만 그 기쁨을 진정으로 느낄 수 있습니다.

쓴맛은 우리가 쓴맛 속에서 어떤 이치를 깨닫도록 하기 위함이고, 단맛은 우리가 쓴맛 속에서 성장한 후에 우리에게 주어진 선물입니다. 어렸을 때, 제가 약을 먹을 때마다 어머니는 사탕을 한 알 입에 넣어주셨습니다. 그때는 이 사탕이 세상에서 제일 달콤한 것 같았습니다. 나중에 더 달콤한 음식을 많이 먹었지만, 그때의 사탕만큼 달지는 않더군요.

인생은 게임입니다. 일단 시작하면 결과는 이기거나 지는 것뿐입니다. 무승부도 없고, 결과를 되돌릴 수도 없죠. 삶은 분명히 힘들고 고되지만, 그래도 우리는 여전히 앞으로 나아가야 합니다. 앞으로 나아가야 역풍을 맞아 판을 뒤집을 수 있고, 앞으로 나아가야 더 좋은 만남을 가질 수 있으니까요.

홍익, 가장 소박한 행복철학

불교 교리 중에 '상구보리 하화중생(上求菩提 下化衆生)'이라는 말이 있습니다. 풀이하자면 '위로는 깨달음을 구하고, 아래로는 중생을 교화한다'라는 보살의 수행을 의미합니다. '상구보리'와 '하화중생'은 분리될 수 없으며, 두 가지가 모두 일치할 때 진정한 깨달음이라 할 수 있을 것입니다. 안팎의 수행을 동시에 한다고 보면 되겠지요.

'상구보리 하화중생'은 불교의 말이지만, 종교와 상관없이 마음공부를 통한 더 나은 삶을 추구하는 사람이라면 새겨야 할 말이라고 생각합니다. 나 혼자 아무리 수양을 쌓고 내면의 평화를 찾아도 그것은 어디까지나 제한이 있으며 반드시 자신의 경험을 주변의 사람들과 나누고 내가 줄 수 있는 도움을 제공해야 합니다. 또 다양한 의견에 귀를 기울이고, 서로 다름을 인정하는 속에서 화합을 도모하는 것 역시 중요합니다.

이런 의미에서 인생 후반기는 홍익의 정신으로 살고자 합니다. 현대사회에서 우리 모두는 자기 삶의 주역인 동시에 사회의 발전을 위해 힘을 보태야 하는 막중한 책무가 있습니다. '널리 이롭게 하라'라는 의미의 홍익은 내가 할 수 있는 일로 세상을 더 아름답게 만들 수 있는 가장 소박한 행복 철학입니다. 봉사 활동 같은 사회 공헌을 하거나, 기술과 지식 수준을 향상해 사회에 기여할 수도 있고, 환경을 보호하고,

가족과 친구들의 신체적, 정신적 건강에 관심을 기울이는 것 등등 모두 홍익의 실천 사례일 수 있습니다. 우리 모두는 주변의 작은 일부터 시작해서 자신의 삶을 더 의미 있게 만들고 사회와 인류의 진보에 기여할 수 있습니다.

홍익의 정신은 그동안 제가 꾸준히 추구해 온 철학이기도 합니다. 홍익이라고 해서 너무 거창하게 생각하거나 무조건 몸을 움직여 하는 봉사를 떠올릴 필요는 없습니다. 주변을 향한 따뜻한 관심, 보살핌과 배려, 공감의 언어만으로도 충분히 가능합니다.

이를 실천하는 방법 중 하나로 유튜브와 네이버 카페 '늘바다'를 개설, 운영하고 있습니다. '우리는 지금 이대로 완전합니다'라는 메시지를 보내는 영상과 글을 주로 업로드하고 있습니다. 삶에서 만나는 모든 인연에게 마음을 열고, 감사하고, 사랑하고자 함입니다.

저는 20여 년 전부터 치유와 통합에 관심이 있었습니다. 한번은 후배 교사가 학급에서 있었던 일로 분을 참지 못하며 사표를 쓰겠다고 나선 일이 있었습니다. 원래 바르고 성실하며 강직한 데가 있는 후배인데 학생을 지도하는 중에 충돌이 생긴 듯했습니다. 당시 부장교사였던 저는 교사가 이런 일로 그만두면 앞으로 어떻게 험해지는 세상을 살겠냐고 달래면서 일주일만 더 생각해보기를 권했습니다. 일주일 후, 이 후배는 생각이 짧았다면서 사표를 쓰겠다는 말을 취소했습니다. 이후

그는 몇 번이나 부장님 말씀 덕분에 제 삶의 위기를 잘 넘길 수 있었다고 감사의 마음을 표했습니다.

이와 같이 분노에 휩싸인 사람을 달래어 이성을 찾게 하는 것 역시 홍익의 실천 사례라 할 수 있습니다. 평소 쌓아온 친근감을 바탕으로 건넨 따뜻한 공감과 솔직한 대화가 큰 도움이 되었죠. 이런 경우에는 우선 상대방의 감정을 경청하고 공감하는 것이 중요합니다. 안전하게 감정을 표현할 수 있는 공간을 제공하면서, 공감과 이해의 맥락에서 상황을 공유하는 것이 좋죠. 특히 자신의 감정을 어루만지고 존중한다는 느낌을 주면 상대방도 차츰 차분해지면서 자연스럽게 이성을 찾게 될 것입니다. 단 강요하지 않고 존중과 이해를 바탕으로 한 접근이 필요합니다.

작년에 한 학생이 여러 명의 학생을 대상으로 SNS를 통해 가해한 학교 폭력 사안이 발생했습니다. 가해 학생은 전학가야 할 상황이었고, 솔직히 여러 명이 피해를 입어 골치 아픈 사안이라 통상 원칙인 학폭위에 회부되었습니다. 당시 갈등화해 조정(회복적 정의와 대화모임 전문가 과정)을 공부하던 저는 학폭위 처분과는 별개로 병행해서 우선 가해 학생과 피해 학생, 학부모를 모두 지원하는 회복적 생활지도 대화모임을 시도했습니다.

교육현장에서 잘못에 대한 처벌과 통제를 넘어 개인과 공동체의 겪은 영향과 피해를 바로잡고 성장과 변화, 치유와 통합, 돌봄을 만들어 가는 교육적 실천이라고 생각되었기 때문입니다. 가해 학생에 대한 낙인효과를 막고, 피해 학생은 진정한 회복을 할 수 있기를 바랐습니다. 저는 양쪽의 입장, 실익, 욕구, 공감할 부분, 쟁점 사항 등을 면밀하게 분석했습니다. 그리고 본모임을 희망하는 5명의 양쪽 학생 학부모를 각각 교장실에서 만났습니다.

학부모님들과 대화를 통해 쟁점을 확인하고 피해회복과 재발 방지 등 대화를 나눈 후, 가해 학생 측은 진심 어린 사과를 건넸고, 피해 학생 측은 사과를 받아들였습니다. 3개월 후 가해 학생은 학폭위 결정에 따라 전학갔지만, 절망에서 마음을 좀 추슬러서 다시 일어나는 힘을 얻고 전학을 가지 않았나 짐작을 해봅니다.

이 사례처럼 충돌이 발생한 양측을 중재하는 일은 양측의 감정과 관점을 이해하고 존중하는 것이 핵심입니다. 중재자는 객관적인 입장에서 양측의 의견을 듣고 중립적으로 조화를 이루는 방향을 제시해야 합니다. 감정의 공감과 냉정한 판단을 조합해 양측으로부터 이해와 협력을 유도하는 것이 중요합니다. 갈등은 상호간의 의견 충돌에서 발생하지만, 효과적인 대화를 통해 분명히 해소될 수 있습니다. 중요한 것은 존중과 이해를 바탕으로 한 대화입니다. 갈등이 일어난 이유를 이해하고 서로의 요구사항을 듣고 받아들이며, 공감과 협력을 통해 대화의 품질을 높이는 것이 갈등 해결의 핵심입니다.

홍익은 우리가 할 수 있는 가장 소박한 행복철학입니다. 저는 앞으로도 꾸준히 작은 즐거움과 큰 도전, 지속적인 발전과 고유한 가치를 중시하며 홍익을 실천하고자 합니다. 퇴임을 앞둔 저는 신중년 시대 삶의 목표로 '자연, 명상, 홍익'을 실천하며 사는 것으로 정했습니다. 인생 후반기 활기찬 생활을 위해 나 자신을 깊이 성찰하고, 내가 진짜 원하는 것이 무엇인지 돌아보려 합니다. 지금 이 순간 깨어 있는 힘으로 심신의 건강을 돌보는 마음의 여유를 갖고, 더불어 타인을 좀 더 이해하고 배려하고자 합니다. 세상 모든 이가 일상과 주변의 모든 것에서 행복과 평화, 감사함을 느끼도록 돕고 싶습니다.

홍익을 통해 평범한 일상에서 소중한 순간들을 발견하고 소박하지만, 의미 있는 행복을 누릴 수 있으리라 믿습니다. 홍익의 정신은 소박한 삶 속에서 행복을 찾는 가장 순수하고 강력한 철학입니다.

삶은 모를 뿐

살아갈수록, 마음공부를 할수록, '삶을 모를 뿐'이라는 생각이 듭니다.

돈, 사랑, 명예를 좇아 살던 시절에는 지금처럼 마음공부에 매진하고 불안과 번뇌가 없는 삶을 추구하며 살게 될지 몰랐죠.
유튜브와 네이버 카페 '늘바다'를 운영하고, 이렇게 책을 쓰게 될지도 전혀 몰랐습니다.
유튜브는 구독자나 조회수가 늘지 않아도 그저 좋아서 꾸준히 영상을 올렸더니 한 달 조회수가 급격하게 만 단위로 점프하기도 하더군요.

삶은 정말 모를 뿐입니다.

삶은 우리에게 항상 새로운 경험을 안겨줍니다. 때로는 그 경험이 우리에게 익숙하지 않을 수도 있지만, 모든 순간이 예측불허의 신비로운 여행입니다. 그 속에서 배우는 것들은 책에서나 듣던 지식을 뛰어넘는 경우가 많습니다.

삶이 모를 뿐이라는 것은 무한한 가능성을 의미합니다.
퍼즐 조각들이 하나씩 맞춰지는 과정에서 우리는 자기 발견과 성장을 이룰 것입니다. 두려움보다는 호기심과 열린 마음으로 다가가려 합니다. 미지에 대한 불안감보다는 그 안에서 얻을 수 있는 무한한 가능성을 기대한다면 우리의 삶은 계속해서 발전하고 성장할 것입니다.

저는 삶을 재구조화해서 자연, 명상, 홍익의 삶을 살기로 했고, 현재 설계 중입니다.

삶은 모를 뿐이니, 앞으로 제 앞에 어떤 삶이 펼쳐질지 생각하면 설레는 마음입니다.

제가 깨달은 삶의 이치를 번뇌에 휩싸인 주변 사람들에게 전하는 것이 운명이라 느끼고 선한 영향력을 발휘하고자 감히 이 책을 썼습니다.

이런 제 마음이 독자님들에게 가닿았기를 바랍니다.

부디 많은 독자님이 이 책을 통해 소중한 인사이트를 얻었기를 바랍니다.

마지막으로 감사의 말을 전하고 싶은 분들이 있습니다.

우선 책을 쓰기까지 많은 응원과 격려를 보내준 아내와 두 딸에게 감사하고 싶습니다. 아내는 대학 시절에 만난 순간부터 지금까지 늘 제게 새로운 세상을 보여주는 사람입니다. 또 보물 같은 두 딸은 제가 꿈꿨던 삶을 완성해준 소중한 존재입니다. 아울러 교사인 든든한 사위와 예쁜 손자(智悟), 제 가족인 동시에 모두 교단에 서는 동료인 이들이 없었다면 아마 지금의 저도 없었을 거라 생각합니다. 늘 고맙고, 감사합니다. 앞으로도 건강하고 행복합시다.

이어서《무분별의 지혜》,《지금 이대로 완전하다》의 저자이신 김기태 선생님의 글은 제게 큰 감명과 깊은 울림을 주었습니다. 에고에 사로잡힌 시절, 김기태 선생님의 책을 읽고 평화와 안식, 지혜를 찾아가는 길을 볼 수 있었습니다. 이후 학교 연수에도 모셔서 좋은 말씀을 들을 수 있었습니다. 그 인연에 감사드립니다.

　마지막으로 구미중학교 교직원들, 특히 유튜브 채널 늘바다의 운영에 여러 기술적 방면의 도움을 주었던 박동인 님께도 고맙다는 말을 전하고 싶습니다. 이외에도 많은 지인과 동료가 평화와 지혜를 나누려는 제 뜻에 공감하고 응원을 해주신 분들께도 감사드립니다. 지면이 부족해 일일이 감사 인사를 전하지 못해 죄송스럽습니다. 양해 부탁드립니다.

　오늘도 삶을 마주하며 겪는 모든 것에 마음을 열고, 감사하고 사랑하겠습니다.

　늘 평화로운 나날을 보내세요.

　감사합니다.

2024. 1. 8

박 귀 수

근원에게 보내는 편지

나의 근원에게.

우선 교육 한 길만 걸어온 노고에 감사하며 퇴임을 진심으로 축하하네.

나이 어린 초등학생 시절부터 나이 든 교장으로 퇴임하기까지, 때로는 달콤하고 때로는 씁쓸한 삶이었지.

그래도 홍익, 자연, 명상을 통해서 삶의 무게에 힘겨워하는 모두에게 평화와 지혜를 나누기로 한 탁월한 선택이었어. 그 방편이 된 유튜브 활동도 내실을 다지고 성장했군. 주제넘게 《내려놓는 삶, 받아들이는 삶》이라는 책도 출판했고 말이야. 모두 이치와 본질을 간파하고, 마음공부와 펼쳐내야 할 삶의 틀을 체계화하려는 노력인 것을 잘 알고 있어.

에고를 넘어 깊은 내면에 있는 순수의식을 깨우고, 죽음은 끝이 아니라 완성이라는 의미를 깨치려는 모습에 뿌듯한 마음뿐이라네. 우리 마음의 본성, 그리고 그 내밀한 본질은 죽음이나 변화로 인해 바뀌는 법이 결코 없지.

지금까지 개체에 묶인 삶을 살았다면 이제는 전체를 엮기 위한 삶을 살아보려 하네,

이제는 숲을 나와 숲을 보고 싶은 마음이야.

근원의 자리인 참나는 너무나 순수해서 빛과 같은 우주 의식과 통하고 연결성을 느낄 수 있는 그 무엇, 내면 깊은 심연은 개체가 없어지고 전체와 하나 되는 순수의식을 느낄 수 있는 곳이지.

이제는 그 훼손되지 않은 순수의식을 늘 느끼며 살려고 해.

사는 날까지 내면의 심연속으로 침잠하며 미력하나 홍익, 자연, 명상의 삶을 실천하려고 해.

우리는 연결된 하나, 우리는 사랑 그 자체이고 모든 것은 은혜임을 잊지 말기를.

다시 한번, 감사의 마음을 전하네.